纵横精华·第三辑

刘未鸣 韩淑芳 主编

风景摇曳的
旧日时光

中国文史出版社

《纵横精华》编辑委员会

主　编：刘未鸣　韩淑芳

执行主编：金　硕

编　委：全秋生　孙　裕
　　　　李军政　胡福星

目 录

老北京旧历年习俗

———

许之纲

20世纪20年代，我出生在北京一个没落的世家。回忆起青少年时代的生活，印象最深的恐怕就是"过年"了。

"送信儿的腊八粥"

"送信儿的腊八粥"，是当年老北京人的一种习惯说法，意思是"腊八"一过，过年的准备就要开始了。

从"腊八"以后，拆洗衣被，缝制新衣，这些过年的准备，就全面铺开了。

以后就是一些购置"年货"、应付年末开销的事。北京当时所有经营日常生活必需品的商店，几乎全有赊销的办法，多为顾主找"铺保"，购销双方立一个折子，随时将赊销金额记入折子，由购方持用；售方则将赊销情况记账，定期收账。

一般购买年货，也可在关系商店，不过一般都要在年终前结清付清欠款。

那时我爱看奶奶收拾那些杂豆，好些都是平常看不见的东西，包括糜子米、大麦米和薏仁米等，还要放些菱角米、核桃仁、花生仁、小红枣和青丝、红丝等东西，点缀得挺好看。

那时候我年纪小，常是等不及奶奶熬熟"腊八粥"就睡着了，这大都在初七的晚上。不过，次日早晨，正式喝上这一年一度的新鲜物，那还是一点也耽误不了的。

"腊八"过后，我们仍是忙着玩，也见到家里大人在不停地"忙年"。我们孩子头脑里，更多的还是盼"年"早日到来。

"要命的关东糖"

腊月二十三，是旧俗的祭灶日，老北京讲"糖瓜祭灶"，说是灶王爷在每年腊月二十三日上天禀事，各户都要备好祭品，优待他老人家一番以后，以便请他"上天言好事"，为本户多说好话；再"回宫降吉祥"，保佑本户平平安安。

我记得祭品中主要包括料香、清茶、糖瓜、草料。说是糖瓜（一种麦芽糖，乳白色，黏性大，嚼之粘牙，制成圆状小瓜形。还有一种长条形的，统称为关东糖）"要粘上灶王爷的嘴，别让他上天去说坏话"，其实如真给粘上，那连好话也说不成了。这只不过是老百姓一种天真善意的愿望和想象。

还有一个民谣说祭灶："灶王爷，本姓张，一碗凉水三炷香……"我记得祭品中总是要包括一小盘草料（向草料铺要一把就行了），还有一小碗清水，据说都是喂灶王爷所乘骑的马用的。

有专用厨房的人家，那时都在灶旁备有灶王龛，一般是一个小木龛，内贴一张"灶王像"（一种木版水印的灶王像，灶王像左边还有一女像，是灶王奶奶），"灶王像"上还有一副对联为："上天言好事；下界保平安。"横批为："一家之主。"

腊月二十三祭灶完毕，揭下旧的"灶王像"，到院子里焚烧，算是送他上天。过了年"请"（实际是买）一张新的"灶王像"贴在龛里，算是灶王爷上天言事回来了。再供上一年，周而复始。

没有专用厨房的人家，平常没有条件供灶王爷，只是在临近腊月二十三那几天，临时"请"来一张神像，腊月二十三晚上供祭完后焚化送上天。待到明年，还是临时再"请"再送。

孩子盼腊月二十三，起码供完灶王以后，撤下来的糖瓜、关东糖还可以分着吃。我们曾把关东糖试着在火上烧一下再吃，那又有一种新的滋味。为了关东糖，也想着过年，过腊月二十三。

旧时的腊月二十三一过，是约定俗成的商家开始索要赊销欠债的日子，一般拖欠不应超过腊月三十。经济条件较差的家庭，孩子们盼望吃糖瓜，而大人怕到腊月二十三，所谓"要命的关东糖"就是因此得来的。

灯的享受

现在人们恐怕很难想象到，20 世纪 30 年代的北京，也算是个不小的城市了，电灯普及率竟会那么低。一般在我们所住的城南一带，大部分居民还用着煤油灯，即使是不太繁华也不算太偏僻的街道，路灯也还有燃煤油的。

那时我们住的街上，每天黄昏以后，天色在似黑未黑时，总见一个老人，背一短梯，手提一个油壶，去给挂在墙上的铁框夹玻璃长方形路灯加油，并点亮了它。这种路灯，隔一段路设一个，就是椅子圈那样的小胡同里，拐角处也有一两个。

路灯装在墙上，离地有一人多高，使一般人不登几步短梯够不到它，可能是为了安全吧，只是辛苦了那位身负短梯的老人。我没在黎明前后出去过，不知每天是灯的油尽自灭，还是黎明时也有人来熄灯。

我们虽然搬过几次家，都没有遇上过装有电灯设备的房子。使用煤油灯照明，好像已很习惯了。我从有记忆以来，就习惯于看着奶奶擦灯罩、灌灯油、在灯下做活，我也习惯在灯下玩，在灯下看书、做功课。想让灯光更集中一些时，会在一张纸的中心，剪或撕一个圆洞，套在玻璃罩的圆筒根部，遮住上部光线，显得房间的上半部暗了，而光线都集中到下半部，灯下做活或看书就感觉亮一些。我们管这种纸制的罩片也叫灯罩。

那时我家有一至三号三种煤油灯，在使用上，好像还有个不成文的规定：平时只用三号灯，用以做活和念书；特殊情况下招待亲友，人也比较多时，可以用二号灯；只有在过年的祭祀"盛典"中，才能拿出那盏最大的一号煤油灯。我每年看着奶奶在擦这头号灯罩时，心里就分外高兴。

除夕晚上，点上这盏大灯，给我的感觉是气氛庄重，祭祀时再加上香烛的光焰，那简直是气概非凡了。

除夕祭祀

每年腊月三十夜晚的年夜饭，是一家人团聚欢庆的最大规模家宴。年夜饭桌上有酒，我记得好像是大人都喝一点，我没有兴趣，一点也不喝。偶尔碰翻酒杯，酒流在桌上，用火柴点燃时产生蓝色火苗，能片刻即熄，又不伤桌面，我对这种现象倒是感觉新鲜有趣。

我家在西椅子圈住时，年夜饭以前，在北屋的中间堂屋进行祭祀活动，当时家里奶奶年纪最大，但旧礼教决定，阖家祭祀要以男性为主，因此只能是爸爸当这个主祭人了。

记得那时的陈设是：正面北墙"悬影"，靠墙条案上摆放祖先"神主"（书写名讳的历代祖先木牌位）。"影"是祖先的画像遗容。没有专门祠堂，不可能全悬。我家当时祭祀悬挂的，可能是曾祖父母的遗像，我已记不清了。

据说以前画匠为人画"影"，都是在人死以后，看着遗容"写生"，然后填入早已画成的坐式身躯像上，装束上男是靴帽袍套，女则凤冠霞帔。凭已逝人描容，自然难以传神，后来我才明白，为什么"影"上人物的面容难得找出有体貌丰盈的。

条案前放一八仙桌，上摆供品，除去几盘年菜以外，最主要的是一堂"蜜供"。

蜜供是由形如江米条的长方形面条炸成，外边蘸以糖稀，粘成四方形花墙式中空塔形。一堂应当是五托，高度不等，最大号的约有三尺，我家过去一般是中号的，大约有两尺高。蜜供要摆过正月十五才能撤，我们那时候总盼着撤下来时，先吃点"供尖儿"。

我家不信佛，不像有些信佛人家，过年悬挂佛像，一般供佛人家过年以一托月饼为主要供品，那是特制的厚硬月饼，一托约七八个，一个比一个小，由下往上码，摆成塔形，也挺好看。

我家那时过年除夕祭祖的同时，先要给条案右侧供着的另一个牌位行礼。那上面写的是："大成至圣先师孔子之神位"，好像按祖先遗训，必须尊敬孔老夫子，以示书香人家的虔诚。

不过不是要人人行礼，成年男子和正读书的未成年人都要行礼，而且是"三跪九叩"礼。我满 10 岁时，也忝列读书人之列，随之行此大礼。

除去对孔夫子外，其他祭礼和拜贺，我家一律实行"一跪三拜"或

"一跪四拜"，那时讲究分对象定叩数，叫"神三""鬼四"。

除夕夜祭祖、祭孔完毕以后，再稍停接近午夜，就是辞岁叩拜了。那是按长幼之序，儿孙们向祖辈磕头，孩子们分别向长辈磕头。然后就是长辈给孩子们一点"压岁钱"，数目都不大，一般孩子都会攒下来，留着买些自己喜欢的玩具。那时是我们孩子一年来最快乐的时光。

大年三十，除去祭祀辞岁活动以外，大部分的其他时间就是玩了。

大人们有时是打打牌，或者凑在一起说说唱唱。孩子们也是各按所喜欢去想法玩好，以求熬个通宵。实际在那个时候，我始终没有能熬下来一宵不睡觉。

"新年来到，家家欢笑，姑娘爱花，小子爱炮……"这是当时俗谚。我每盼过年，主要是想尽办法地玩，"吃"还是其次。

玩鞭炮，是我童年过年时玩的主要内容之一。有一年的三十晚上，还几乎为此酿成一场大祸。

年三十夜里，院子中间常走人处，多是铺撒上些柏树枝和芝麻秸。人走在上边踩得噼噼啪啪响，据说那叫"踩岁"，图个吉利。

这些东西都是在年关前，有农村人进城来卖，吆喝为"松麻枝嘞，芝麻秸儿!"其实并不是松枝，大多为侧柏的枝叶。

初一拜年

初一没有睡懒觉的，孩子也知道早些起，虽然谁在腊月三十晚上也是睡眠不足。孩子愿意早起，都愿换上新衣、新鞋，看那些喜气洋洋的新气象。那时先要给自己的祖父母、父母磕头拜年，长辈再给孩子各一份拜年的钱。数量不多，只是为了体现点尊老爱幼的家庭气氛。

北京那时也有初五前"忌门"的旧俗，就是妇女不能出去拜年，也不能串门。

那时爸爸出去给亲戚拜年，只能是带我去。我虽然资质才华比不上姐姐们，但我"得天独厚"，是个男的。这就是男尊女卑。

初一也有亲戚来我家拜年。如果是朋友，对长辈一般也不磕头。亲戚则对长辈叩拜，我们也对客人中的长辈叩拜，自然也会有一点对孩子的馈赠。

一般初五以后，有工作的人都出去工作了，这时正是妇女串亲戚的时候，我们再出去就是随着娘出去拜年或看望亲戚了。

初二送财神

小时听说过财神的故事，旧北京附近还有五显财神庙。据说财神庙的香火很盛，爸爸小时是不是去过财神庙，我不知道，反正他一直没有带我去过，看来他对这方面的兴趣也不大。

我家那时不供财神，但也有送财神的"任务"，那是事出有因的。

老北京旧俗，每到腊月三十那天，有穷人家的孩子，在商店里趸一些"财神像"，在腊月三十下午或傍晚开始，挨门去"送财神"。

"送财神"一般是小孩站在每家的院门外，高叫："送财神爷的来啦。"有时敲敲门再高叫几声，直到这家主人出来买上一张，或是在内高声回答："请啦！"（表示已经买过了）这孩子才走去另找人家去卖。

那时穷人家孩子虽多，但是真正舍得让10岁上下或不足10岁的孩子出去干这个的，也并不太普遍。还有个特点，"送财神"的都是男孩，绝对没有女孩。可能一是因为封建意识，女孩不能轻易放出；二是对女人有忌讳，如果是女孩上门叫"送"，那就很难把"财神爷"送出了。

那时甚至还有一个腊月三十那天接受几位"财神爷"的现象。那是在天近黄昏，或者天已全黑的情况下，有的孩子手中的"财神爷"还没有全送出去。他们在腊月寒风中，看到天已黑下来，手头的"任务"还没有完成，只能继续沿街挨门去叫"送"，遇有答以"请了"的人家，他们只能以可怜巴巴的声调，以近于哀求的口吻，请求："您再请一份吧，财神爷还怕多吗?"

门内的父母们，看到自己的宝贝们，都绕于自己膝前，等着吃年夜饭了，而门外寒风中，那可怜的童音，实在能打动人心。心软一些的，也就只好再"请"一位了。

那时的"财神爷"，实际只用上几个铜板，就可以"请"上一份。

我家临时请来的"财神爷"，好像在我印象中，当年没有受过什么优待，也忘了那两天在我家放在何处了。只是在正月初二那天，拿到院子里焚烧，算是送上天了。"财神爷"到我家，像是自动而来，又飘然而去。一年只在我家住上两天，还只是供以清风。

逛厂甸

老北京人家，可以说妇孺皆知有个厂甸，虽然说这个旧时庙会，每年只在正月初一开始开放十几天，但那是深入人心的，尤其在我们的童年时候。

10岁以下时逛厂甸，都是由大人带着去。路程不太远，由西草厂东口走进南柳巷，再拐进琉璃厂东门（那时简称厂东门），东行到南新华街，就看到厂甸熙熙攘攘的人群了。

爸爸带我去厂甸时，多为买玩具。也看得出，为我所买的，也都是他幼时玩过的，或者说是他幼时喜欢过而没有能全实现了的。也可以说，为我买玩具，也能实现一些他童年的愿望。

那里摊子上的货物，都不是明码实价，大都要还价，有的甚至是"漫天要价"，遇到孩子哭闹不走，那时的价是很难落下来的。

那时给我买过的玩具有风筝、空竹、小戏剧棕人、皮影戏人、面具等，其中大都不是单件，而是逐步买齐配套的。我知道这要用去不少钱，不舍得作践而弄坏了它们。

上元节

上元节也叫"元宵节"或"灯节"，这应当算是过年的最后一天，也可以说是年后的第一个大节了。

过去过这个"灯节"，好像是京城的一件大事，据说外边是非常热闹的。爸爸常常对我们说，过去灯节外面如何热闹好看，放烟花盒子的，如何如何新奇精巧。但是一直没有晚上带我出去看过灯和烟火。

只是在记忆中有一次，忘了是谁带我，在前门外大栅栏的商店门前，看过一次悬挂着的纱灯，多是画的小说、戏曲人物故事，观灯人也不拥挤。据此分析，去的那天也不是正月十五"灯节"的正日子。

那时的玩具灯，还没有用电池的，多是以蜡烛照明，只有沙子灯，名为"灯"，实际并不点亮，只是在竹制架上糊以厚纸，上画动物形，并有可活动的部位，中间装以细沙，翻动一下时，沙子在内流动，带动灯外的部分随之活动。

我最喜欢的是走马灯，有时还不满意买来现成的，这些"行货"人物绘制粗糙，总想等长大以后，自己绘制一种更细致、更热闹、更理想的走马灯。实际后来生活了几十年，也没有实现幼时的愿望。

爸爸先是总念叨给买个羊灯，那是他幼年玩过的，后来费了很大劲儿，才买到这种过了时的灯，不过是纸糊羊形，头部是活的，可以晃动。四腿下装四个小轮，中间点上蜡，拉着走起来，羊头晃动。

其他的红色灯中，那种铁丝框架，粘以红色玻璃纸的金鱼灯，是当年最考究的了。至于很小的红灯，只适于幼儿提着走来走去玩。

正月十五，一般是晚上备一桌丰盛的饭菜，也是个团圆家宴。饭后一家吃些煮元宵或炸元宵，也就可以了。

那时候，各个剧场通常都有些应节剧目上演。像上元节演出的《上元夫人》《元宵谜》，还有与灯节有关的《闹花灯》等戏，再不齐也会加上一出"垫戏"《瞎子逛灯》。

旧时北京怎样过年

刘永加

老北京有一首民谣："小孩儿小孩儿你别馋，过了腊八就是年；腊八粥过几天，离离拉拉二十三；二十三，糖瓜儿粘；二十四，扫房日；二十五，做豆腐；二十六，去割肉；二十七，宰年鸡；二十八，把面发；二十九，蒸馒头；三十晚上熬一宵，大年初一扭一扭。"除了喝腊八粥、祭灶、除尘、除夕守岁，祭祖拜年、看灯等活动外，老北京过年还有很多特有的庆祝活动。

送财神爷　飞片拜年

腊月二十三，俗称"小年"。这天老北京人家家都要祭灶，就是人们在灶王爷神像前供上关东糖、清水和秋草。民间传说讲，因为灶王爷在主家工作了一年，这天就要到玉皇大帝那里"汇报工作"了，所以要恭送灶王爷"上天言好事"，并希望他三十晚上回来后，能"下界保平安"。人们借此祈求来年平平安安，过上好日子。

到了三十晚上，有些穷人家的孩子，会拿上几张财神像，到商店、居民门前高喊："送财神爷来啦！"店铺的掌柜和居民们赶紧出来恭恭敬敬地把财神像接过来，然后给小孩点儿零钱，这就是"送财神爷"。那时，财神是最受欢迎的，不论到谁家送财神爷，谁都不能说不要，这也是图个吉利。穷人家的孩子也能借此得到点收入。

老北京的商家过年时还兴用年片儿（相当于现在的明信片）拜年。每年进了农历腊月门，印刷作坊就忙着为客户赶印拜年片儿。年片儿上印有字号或经理、掌柜的名字，有的还印有松竹梅等背景图案。那时的商家从大年初一到初五过年休业，过了破五才陆续开张，互相交往的厂家、作坊、银号、钱庄和面铺、油盐店等，则讲究大年初二拜年。那时人们拜年很有意思，不去家里去店铺，但是家家商铺都关着门板儿，哪里见得到主人？就派学徒拿着成沓的拜年片儿，每到一处便往人家店铺门缝里塞，好让人家知道自己来拜过年了。家家如此，因此门缝里拜年片越塞越多，实在塞不下了，有的就把年片儿扔在门外台阶上，被风一刮满街都是。孩子们高兴了，都上街整兜子捡来玩耍，有的还被拿回家生炉子。因此，那时此类拜年被称为"飞片"。虽然派出去的是学徒，减少了掌柜的烦劳，但是拜年的形式主义一点儿都没改变。明代大书法家文徵明对此很是感慨，曾写诗讽刺道："不求见面惟通谒，名纸朝来满蔽庐。吾亦随人投数纸，世情嫌简不嫌虚。"寥寥数语，将飞片拜年的情景描写得很生动。他十分反感飞片，还特意写诗贴在家门上拒绝："拜年一节事，实在有要事。谁人除此事，赛过做好事。"到了民国初年，大词人况惠风对此类拜年则另有看法，他写了四句："新年无所事，专门做歹事。与其做坏事，还是拜年事。"

热闹的庙会　祈求福佑

老北京春节期间的庙会那是空前的热闹。那时，北京城内及郊区共有 700 多座庙宇，春节期间，大小庙宇都向香客、游人开放，并在庙内及门前设有集市，称作"庙会"。

五显财神庙借元宝是重要的庙会活动。五显财神庙位于广安门外六里桥，这里供的财神既不是黑虎玄坛赵公明，也不是文财神比干丞相、武财神汉寿亭侯关羽，而是相传为五个强盗，他们专门杀富济贫，深受穷人们的崇敬，立庙祀之，俗称"五哥庙"。明英宗朱祁镇在发动"夺门之变"时，传说这五位财神曾出了大力。英宗复辟之后加封这五位为元帅，因每位封号中都有一个显字，故称"五显元帅"，所以五位财神的塑像都是一身戎装。这座庙的后院西殿为库神殿，供库神，殿内有很多大大小小的金、银纸元宝。香客在财神殿烧香布施之后，到库神殿参拜库神，可以拿到几个纸元宝回家珍藏，预示着来年能够发大财。据《旧京文物略》载："新年之二日，则于广宁门外武显庙祈财，争烧头一炷香。倾城男妇，均于半夜，候城趋出，借元宝而归。"如果今年日子过好了，第二年要加倍还愿；如果不应验或更差了，人们也"不疑神之相欺，徒责己之欠诚"，而是相信心诚则灵，明年会再来烧一炷香借元宝求发财。

位于西便门外的白云观更是著名的庙会大集，从正月初一到十九开放，十分热闹。这主要因为这里有几项活动很吸引人。正月初八有个活动叫"顺星"，又叫"祭星"。道家有个说法，每年在正月初八晚上，天上诸星宿要光临人间，人们燃灯而祭之，期望得到当值星宿的保佑。据《燕京岁时记》载："初八日，黄昏之日，以纸蘸油，燃灯一百零八盏，焚香而祀之，谓之'顺星'。"人们有的在家里散灯花顺星，有的则到白云观元辰殿去参加顺星祭典。元辰殿俗称"星宿殿",也叫"顺星殿",殿中塑有六十年花甲子的 60 位星宿神像。凡是到元辰殿顺星的人,首先要找到自己的本命星宿,如果是甲子年生人,就到甲子太岁金辫大将军的塑像前,烧香、磕头、布施之后,再到今年当值的星宿参拜。如果今年是癸亥年,就再到癸亥太岁卢程大将军塑像前烧香、磕头、布施,即可保佑你一年顺心顺意。正月初八为"人日",傍晚白云观的方丈率众道士举行祭星仪式,在元辰殿的香案上燃灯 108 盏,众道士着法衣,吹笙管、击钟磬,鼓乐齐鸣,诵经祈祷,祛灾求福。这一整天白云观内外亦是人山人海,热闹非凡。

那时,凡是到白云观逛庙会的人都要摸一摸山门上的石猴,据传说可以保佑一年平安。白云观重建时,为了防止火灾,山门等建筑均以巨石和汉白玉筑成,匾额也是铁打制而成的,因而有"铁打白云观"之说。在山门的石壁上雕刻着山水、花草、树木等图案,在山门中间门洞的圆拱右侧,刻着一个小石猴浮雕,被摸得乌黑发亮。另外在山门西侧的八字影壁底座上还有一个石猴,一般人很难发现。此外,在庙后东院雷祖殿前的九皇会碑底座上,也刻有一个小小的石猴。这三个石猴相距很远,人们又很难一一找到,所以有"三猴不见面"之说。

白云观最热闹的还是正月十九的"燕九节",观前除有出售各种衣物、小吃的摊贩外,还有秧歌、高跷等,人们称为"耍燕九"。清代有《竹枝词》说:"京师盛日称燕九,少年尽向城西走。白云观前作大会,射箭击球人马蹂。"正月十九是长春真人丘处机诞辰纪念日,这一天善男信女都到白云观为他祝寿,故叫"燕九节",也称"筵丘节"。传说这一天丘处机要下凡超度众生,来时形象变幻不定,或变为官宦缙绅、富商大贾,也可能是贩夫乞丐、老妪幼童,有缘者就能相会,故曰"会神仙"。这天白云观内外游人如织,许多人正月十八日便夜宿观内,有的彻夜不眠，到处游逛，以期会见"神仙"，但不能如愿。《京都竹枝词》中就说："绕过年宵未几天，白云观里会神仙。沿途多少真人降，个个真人只要钱。"

庙会催生节日经济

那时，人们为了趁早赶庙会，也为了赶到开山门挤进去烧头炷香，讨个一年吉利，四面八方的人都要早早地出门，然而交通十分不便，于是骑驴逛庙会也成了一大景观。城内还有人做起了租驴生意，从和平门雇毛驴去白云观，雇毛驴的人把钱交了，驴主往往不跟着，毛驴自会将客人送到庙门，自己再顺路回到和平门，从未听说过丢驴的事情，真是奇事。白云观春节庙会也吸引了京郊的农民，他们把自己的毛驴打扮一番，起早贪黑，往返接送游客。只见毛驴背上搭着整齐的土布褥子，褥子两侧下端挂着脚蹬，驴脖子上系着铜铃，走起来铃声悦耳。有时驴跑起来，尘土飞扬，驴主步其后尘紧追赶，严冬风寒料峭，湿透衣衫，倒也知足，因为可以挣些小钱养家糊口。清末《光绪都门纪略》中的"脚驴诗"有了生动描述："一城三里踏沙尘，十个猴头受雇缗，来往最多天下士，也应驮着作诗人。"诗中说的缗，就是那时成串的铜钱，当时每串铜钱一千文，就是载客走三里的路程，可得到价值十个猴头蘑菇的收入，在当时已经很是可观了，因此京郊的农民乐此不疲。

精明的城里人还打起了冰上的主意。过年时，东直门到朝阳门之间护城河中的冰冻得很厚，他们就发明了冰排子作冰上交通工具。它用木方子钉成，底的两侧钉着铁条便于滑行，上可以乘坐四五人，由排主牵引滑行。乘坐冰排子从东直门到朝阳门三里路程不过一刻钟，赶庙会很方便，价钱还不高，因此很受欢迎。

正月十五灯节时，不仅大街上灯火辉煌，格外热闹，各大商号也都打起了看灯的主意。大栅栏、廊房头条、鼓楼前等处的大药铺、大绸缎庄等都在内部展出各样灯彩，把人们吸引到自家的商号里来，生意非常火爆。人们从正门鱼贯而入，人挨人地沿着灯路从后门出去，热闹得很。住在老北京北城一带的居民，还喜欢去北海后门不远处的旧宛平县城看火判儿。所谓的火判儿，就是一个丈余高的泥塑判官，一手举抓笔，一手托着生死簿，威严地站在那里。这个泥判官是空心的，口、眼、耳、鼻也是挖空的，肚子里点燃柴炭，七窍呼呼冒出烟火，煞是好看，引得许多人看热闹，自然带动了这里的节日经济。

天津早年的春节习俗

罗澍伟

天津虽是晚近兴起的大城市，传统习俗却与周边大致相同，比如，春节要从腊月过到来年二月。但受地缘和人口"五方杂处"的影响，历史上也有不少独特之处。

先说腊月。

一进腊月家家要自制各种腊品，如碾腊米、蒸腊米、腌腊雪、榨腊油……据说腊月碾米在屉中蒸透，冷却晒干，食之益脾养胃，夏季可防肠炎痢疾。将腊月雪储坛中藏至翌夏，饮用可避蚊蝇。腊月榨油用于燃灯，诸虫远避；妇女用以美发，乌黑光亮，不生虮虱。

家庭、寺院在腊月初八要熬腊八粥。佛教信众自腊八前夜即长跪佛前，每捻一豆，念一声佛，到腊八清晨，用以煮粥施舍；儿童则成群结队，喊着："缘啊！缘啊！"到各处接取"结缘豆"，吃了可免灾祛病。

从前天津有一种民间会道门"理门"，入者不近烟酒，称"在理儿"，分支机构叫"公所"。当家老师傅要在腊八备请柬，邀请本门弟子齐集公所，备素席聚餐。

1957 年，天津天后宫春节庙会景象

天津还有腊八嫁娶的习俗，晚近已无。

到了腊月十五，全市大小年货市场均摆出过年所需的吃喝穿戴，称"上全街（gai）"。

清代中叶前，天津祭灶日和南方一样是腊月二十四，后逐渐改为北方通行的腊月二十三，标志着春节开始。

早年一般住房没有玻璃，主要靠窗户纸采光挡风。腊月二十四扫房时要糊新纸，粘贴各种有吉祥含义的剪纸，门上贴驮元宝的肥猪，墙壁上贴年画。

天津人过年，正月半月不举火，所以家家户户要在年前蒸馒头、枣糕（花糕）、面粽（糖三角）及各种馅蒸食。

俗话说，"二十九，贴倒'有'"。这一天要把吊钱儿、窗花、福字、春条、春联全部粘贴到位，水缸贴鲤鱼图案的缸鱼。凡带福字的吊

过春节门窗贴吊钱儿和窗花，图来年吉利

钱儿上，一定刻着倒写的"有"字，表示有福已到。除夕那天要换门神、祭祖先，拜尊亲……称"辞岁"，入夜燃放焰火爆竹。晚饭，照例要包饺子，可把一年来的琐碎事情都捏在饺子里带走。

从前天津有除夕嫁娶的风俗，所谓"又娶媳妇又过年"。新婚妇女要在除夕吃枣和栗子，以期早生贵子。一般妇女要吃糖堆儿，口中还念念有词："五更黑下吃个酸里红，到老了不受穷。"

再说正月。

到了正月初一，全家天不亮就起床，无论大人孩子，都要从头到脚焕然一新。天津近海，受海洋文化影响较深，特别崇拜妈祖。传说妈祖"衣朱衣"，所以天津妇女过年一定要穿新做的红袄、红裤、红鞋、红袜，头戴"聚宝盆"等红绒花，以示对妈祖的景仰。

祭祖后按辈分大小依次磕头拜年，长辈要给孩子"压岁钱"，俗话说："一到新年，小孩拜年；趴下磕头，站起来要钱。"

初一凌晨，全神下界，所以一定要吃素馅儿的饺子或全天吃素，表示对佛的尊敬和虔诚，然后阖家再吃一顿丰盛的早餐。

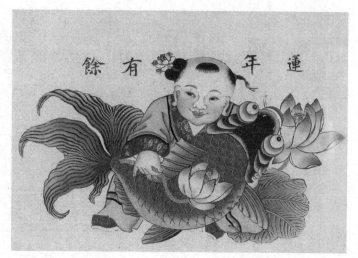

杨柳青年画"莲年有余"

初一天亮，家中成年男子便要出门拜年，亲友多者可分别亲疏远近安排日子，只要没出"正月节"就不能算晚。路遇熟人，彼此拱手作揖，一定要说"见面发财"之类的吉祥话。善男信女为求一年人旺财旺，要到庙里或鼓楼烧一股"求顺香"；小家妇女，多穿一身红，往娘娘宫即天后宫烧香，求老娘娘保佑一年平安。

亲友之间在初一互相宴请，叫"吃年茶"。

初一到初五各家都不做饭，而是加热除夕前准备好的各种熟食美味，同时避免损坏各种家什，叫"忌破五"。

初二是"接财神"的日子，凌晨鞭炮便响了，这时要在新"请"的"财神马"（套色印制的财神像）前，摆上茶水、酒、筷子以及一条用红头绳拴在脊背上的活鲤鱼、一只公鸡和一盘羊肉，因为传说中的财神爷赵公元帅是回教中人。祭毕把供过的鲤鱼放生。有钱人家，还要在供桌上摆放金银元宝或锞子。贫寒之家，买不起鱼肉，也要供上香干、鸡蛋。

这一天早晨，巡更的更夫挨家挨户送一捆柴火，上贴红纸写的"真正大金条"，嘴里还要念叨着"财神来了"。因天津话"柴""财"同音，故称"更夫进财"。送水的要在用户祭财神时送上一挑水，并多添上半挑，名"财水"。商家祭祀活动更为隆重，祭毕还要放鞭炮、摇算盘，表示财源广进。

有趣的是，初二最早来拜年的，以姓柴为最吉利，史姓、黄姓不受欢迎，因为天津话"史""死"同音，商家特别忌讳黄姓初二最早拜年。这一天举家吃打卤捞面，因为天津习俗是"初一饺子初二面，初三的合子往家转"。

初三阖家吃煮合子，取和和美美、团团圆圆之意，以羊肉馅儿或三鲜馅儿最佳，也可吃素馅儿。天津人正月吃合子的日子很多，如正月初八、十八、二十八，初九、十九、二十九吃合子，叫"合子加八""合子加九"，取"扒也扒不开"和"天长地久"之意，初十以后吃合子，叫"合子拐弯儿"。

初五称"破五"，一定要包饺子，剁肉剁菜叫"剁小人"；捏饺子叫"捏小人嘴"；放鞭炮叫"崩小人"。妇女要找件破衣服拆了，叫"拆小人"。中国传统的人际关系最不好处，常有"小人"在各种场合搬弄是非，制造矛盾，小则家庭不和，大则阻碍一个人的前程，因此在新年伊始，"剁小人""捏小人嘴""拆小人"必不可少。

初六大小商家开市，营业前大放鞭炮，以取吉利。

初七，妇女不动针黹，叫"针七"。如是日天气晴朗，主一年人口平安，出入顺利。

初八，要到城里水月庵或城外药王庙祭星，在祭星簿上填写自己的名字，然后烧香磕头；晚上，庙里住持把祭星簿焚化，仪式宣告完成。为什么要祭星？传说人的一生，男怕罗侯星，女怕嫉妒星，为避免这两

民间花会

个星座干扰，所以要祭祀一番。

到正月十五前后，人们还要忙活几件事：

一是张灯结彩。"城厢内外擎灯出售者密如繁星，十色五光，镂金错彩。居家铺户自十三日起至十七日止，张灯五日，银花火树，如游不夜之城。"全城老少都要前往"逛灯"。天津开埠后，这一习俗还影响到租界，是夜"洋楼高耸，电光闪烁，由暗处观之，宛如火山炸裂"。居民之间也有买灯送礼的，尤其是儿童，几乎人手一灯，来来往往，高唱："手打灯笼都出来，不打灯笼抱小孩……"

二是燃放花炮。无论商家住户，大都在晚上燃放花炮。"明星四射，火球上升，为状不一，要以两响为佳。"

三是吃元宵。多为糕点铺买来的摇制什锦馅儿元宵，也有用黏秫米面、黏黄米面加糖馅儿自包的元宵。民谚说："七小豆腐头不痛，八日合子家不散，十五的元宵大团圆。"

四是蒸背驮元宝的老鼠、刺猬。正月十四即准备好，或置户枢上端，或陈于供桌，头要朝外。十五那天改为头朝里，这样老鼠、刺猬就可把元宝驮回家了。

正月十六，全城妇女都要离家，三五成群，或串门或逛街，俗称"走百病"，可消除一年的疾病；或找有桥的地方相率而过，称"渡厄"，也叫走桥。不少妇女还习惯在正月找算命先生，算算这一年的月令高低，本身流年如何，有无"贵人"相助，等等，并希望指出一条"明路"。

每逢正月，各庙设醮祭神做天官之会，长达半月；以天后宫香火最盛，宫前出售的玻璃金鱼缸是有名的俏货，挂甲寺的焰火远近闻名。龙灯、高跷、狮子、法鼓、中幡等民间艺术表演在十四、十五、十六三天一齐出动，观者如堵。

正月二十四为填仓。当晚用灶灰在院里或屋中撒个圆圈，圈口撒一小梯子，圈中放五谷杂粮，再用撕下的吊钱儿包铜钱，压在上面，表示物阜年丰。这天吃饺子叫填仓，吃合子叫盖仓；或吃干饭鱼汤的——"填仓填仓，干饭鱼汤"。饭后用残汤剩饭喂猫，以犒劳一年来猫的看仓捕鼠。

最后说二月。

二月二龙抬头，要用灶膛灰引"青龙"至门外通水处，再以谷糠末引"黄龙"至家，叫"引钱龙"。然后吃焖子（煎糕粉）、薄饼或面条、饺子。传说这一天百虫复活，所以有"二月二敲炕沿，蝎子蜈蚣不露面"之俗。

阿拉善的旧时过年

达锐 口述　高芳 采访整理

　　我出生在内蒙古阿拉善旗，是阿拉善第九代第十任札萨克和硕亲王达理札雅的小女儿。我生在阿拉善，长在阿拉善，1945 年出生，到 1958 年返回北京居住，一直在阿拉善生活。

　　阿拉善在内蒙古是一个很特殊的旗，有"小北京"之称。我们祖上的几代王爷，许多是迎娶的清皇室的公主或郡主，我妈妈爱新觉罗·韫慧就是郡主。每位公主或郡主成婚时，又都会从北京带来工匠做陪嫁。也是这个缘故，在阿拉善旗的城里，好多人说话多少带点北京味儿。城里的房子也跟北京似的，都是一个个的小四合院。阿拉善王府的建筑特点同样受满、汉影响，与北京的王府规制相似。我到北京以后参观故宫时，都觉得似曾相识，像回到了小时候。我爸爸单独又把王府里自己住的院子修成了西式风格，院子里有回廊相通，下雨也淋不着。王府有西花园、东花园，我还记得西花园里有暖房，东花园里是一个娘娘庙，后山上满种的是松柏树，大极了。

　　我爸爸是成吉思汗的弟弟哈萨尔的后代，我们家过年，基本上是按

延福寺新年盛景

照蒙古族的习惯，也融入了满、汉的一些风俗特点。

每年一过腊八，我们小孩子就开始盼望过年，开始数：今天干什么、明天干什么……什么"二十三糖瓜粘""二十四扫房子"，跟民谣里说的一样。冬天的内蒙古挺冷的，但照样要把屋里所有东西都搬出来，打扫卫生。到大年三十这天还得洗澡。我们家有个大澡房，全家人都得洗，然后换新衣服，收拾得干干净净的。

我们家有一个家庙，叫延福寺。平时，家庙里的喇嘛每天都要到我们各个屋里，拿着松枝蘸上一种什么水，上午一次、下午一次，不请自来。到了大年三十的前一天，全家人要在家庙里念平安经。

到了三十晚上，一家人先要在迎恩堂拜前八代亲王的牌位、上香。拜祖完了以后，就到太太（我们很多称呼跟满人一样，管奶奶叫"太太"，管母亲叫"奶奶"）屋里磕头。我爸爸、我妈妈还有三婶先给太太磕，他们磕完以后，我大姐带着我们这些兄弟姐妹，连同三婶家的孩子，再一起给太太磕。磕完头，太太就给我们压岁钱。给的是银圆，也就是现大洋。太太给每人十个现大洋，之后我妈妈还会再给十个，我三婶也给十个。所以一到过年，我们小孩子可"发"了。

延福寺喇嘛

　　过年是穿缎子棉袄。家里的保姆提前给我们小孩子到库房里找缎子做新袄，到这天穿得可漂亮了。虽然是蒙古族，可我从小没穿过蒙古袍子也不会说蒙古语，我们打小儿上的是汉族学校，接受的是汉化教育。

　　拜完年以后开始吃辞岁饭。我们家有一个老厨师老王妈，是北京沙河人，做饭手艺特别好，是我爸爸特意从北京带回阿拉善的。我们家也有大厨房，红案的、白案的都有。年前做好蒸馒头，一缸一缸的，都冻在外面，过年不动火，吃的时候拿出来馏一下就行。老王妈做的酥肉、芥末墩儿、豆酱，都是北京人习惯吃的。

　　烤全羊是阿拉善的特色，在整个内蒙古都是很有名的，年夜饭当然更必不可少。我们的烤全羊有点儿跟烤鸭似的，皮都能吃。据说乾隆帝的女儿佛手公主从北京嫁到阿拉善以后，特别想吃烤鸭，当时的王爷就琢磨出这么一个烤全羊。吃法也跟烤鸭一样，是卷饼吃。吃的时候是有仪式的，烤全羊上来以后，羊头上挂着哈达，专门有两个歌手先唱一通"颂歌"，完了以后由家里最有威望的人开第一刀。

　　吃完年夜饭，等到了 12 点，就开始放炮。我们家就我哥哥一个男孩子，旗里的张总管每年扛着许多炮送到家来，到这个时候他就驮着我哥哥上院里放炮，大家都围着看，可热闹了。12 点以后还要吃一次饺子。是吃素饺子，图一个素素净净，初一才吃肉馅儿的。不光饺子，所有吃的都是素的，桌上不摆大鱼大肉。到北京以后，一到快过年我就到北京王府井八面槽"全素斋"排队买素什锦，从早晨 8 点以前开始排，到下午 2 点才能买着，每年都买，觉得好像必须得有素的吃才算是过年。另外，过年吃剩的饺子是不准煎的，而是馏一馏就吃。

初一早晨，我爸爸带着我们给太太再拜年，这次就没有压岁钱了。然后他就该忙了，旗里的头目还有牧民们都排着长队、捧着哈达来拜年。我就记得我爸爸一到过年可累了，接哈达、握手寒暄……基本上这一上午就闲不住，一直在小客厅里接待。他们不但自己来拜年，每年旗里还要送高跷、耍狮子、跑旱船表演，这会儿就全上我们院里来了，跟庙会一样，可热闹了。我们小孩子就站院子里看，要么就是看今儿谁来了，有大头目来就跑去看一眼，别人就顾不上了。

这样一直到初二后半天，亲戚朋友就陆续来拜年了。平时不怎么来往的亲戚，也都借这机会到家里来看看。到北京以后，大年初一我爸爸必须得上习仲勋家拜年，他们俩是老朋友了，另外还要给中央民委原副主任刘格平以及乌兰夫伯伯拜年。早上转一圈回来以后，再带上我们到我的姥爷爱新觉罗·载涛家拜年。按满人的规矩，我和五姐要像姥爷的孙女们一样，给长辈请"蹲安"。我和五姐不会，就给姥爷鞠躬。我姥爷就跟我妈妈说："你们这些孩子养得太野了。"

到了初五，延福寺有庙会，当地人叫"跳嚓"。这天，做小买卖的、卖凉粉的、卖醪糟酒的，都上那儿去了。庙会上也有喇嘛的表演，内容是一小段一小段的佛教故事。

1958 年，阿拉善旗由宁夏归属到内蒙古，阿拉善盟也随之搬到巴彦高勒。当时我妈妈身体不好，经向中央请示批准后，带着我和我五姐、哥哥回到北京定居。我爸爸后来也从巴彦高勒市调到了呼和浩特市的自治区政府任副主席。就这样，一家人与阿拉善旗王府的生活渐行渐远。到了北京，过年也就不再那么讲究了。

东北过大年

施立学

一进腊月就是年

东北有句话：一进腊月就是年，没出正月还是年。古人把农历十二月合祭众神叫作"腊"，腊月，就是以一年的猎物祭神祭祖。一进腊月门，就闻到了祭神祭祖的年味。腊月天最冷，腊七腊八，冻掉下巴，先喝腊八粥。腊八粥是用大黄米（糜子去壳）掺入花生、栗子、枣、核桃仁、杏仁、糖等原料在微火中慢慢熬制而成。俗传黏米腊八粥可粘住下巴，不使冻掉。"吃了腊八粥，赶紧往家溜"，是说腊八是春节的序曲，身在外地的，赶紧回家，家家忙年。一是杀年猪，二是淘米包黏豆包、做年豆腐，三是赶年集。一家杀年猪，全屯子帮忙，家家派出代表去吃肉，一顿造了半拉儿，剩下肉，一层冰，一层雪，冻在篱笆墙边；一家做年豆腐，多少家去喝豆浆、吃豆腐脑；一家淘米包黏豆包，面发好了，烀一锅小豆或大豆馅，向左邻右舍打个招呼，于是东家姑娘、西家媳妇，他老姨、她二婶，呼啦一下来了十几号人，大盘二盘地往南北大炕上一坐，包黏豆包。主人家这时可来神了，对来帮忙的人要挑挑选选，一般要挑选模样好的、上相的包手包黏豆包，模样略差一点的屋里屋外来回跑腿，或上灶台烧火。包黏豆包不像包饺子又得揪剂子又得擀皮，只需抠出一块发好的面，拍成皮，把加了糖的豆馅包进去，鸡蛋大小的豆包就成了。一大笸箩面，一大盆豆馅，张王李赵遍地刘，各家姑娘、媳妇齐伸手，一会工夫就包满了得两人抬的一大盖帘子，往十八㧟大锅里一装，锅底下就呼呼点燃了有"小木头"之称的豆秆火。

要说赶年集，全屯子人都挤着搭上挎（用木杆子等组合使爬犁加宽）的大雪爬犁，去赶年集。回来时又是鞭炮、新衣，又是糖果、冻梨，应有尽有，都在"又是"中，多少张年纸（采购计划）写不下。

祥瑞送灶

二十三这天早晨，吃完饺子，赶紧到秫秸（高粱秆）垛，拽几根不粗不细标标溜直的秫秸，放在炕席底下（一般放在炕头）焐上一大天，晚饭后，全家齐动手，扒秫秸裤、扒秫秸篾、扒秫秸瓤，做车、做马、做猪、做鸡、做狗、做羊，还要做一杆长枪，离离拉拉，为灶王一家做了一灶坑门脸子秫秸篾制品。这时，把灶台边墙上被烟熏火燎一年的"一家之主"灶王牌摘下，放在秫秸篾车上，为了让灶王一家"上天言好事，下界保平安"，得媚灶王，搬来糖罐子，给灶王爷爷、灶王奶奶嘴巴抹东北糖。东北糖又称麦芽糖、大糖、灶王糖，用麦芽、小米熬制而成，是东北售期最短、只有过小年前后才上市的东北糖果。东北糖一般有三寸长、一寸宽，扁平，呈丝条状，放在嘴里一咬，又酥又香。

用东北糖封灶王嘴，意在让他们到玉皇那里多多美言。然后打开房门，在灶前生一把火送灶王上天。全家跪拜灶前祷告："灶王爷，本姓

1960 年春节，沈阳市郊的一家人在写春联、贴年画

张，骑着马，挎着枪，上了天见玉皇，人间好事要多说，明年下界见吉祥。"这时窗外鞭炮齐鸣，大人孩子仰望天空，此时此刻在冥冥之中灶王一家驾马乘车，凭借万里长风，跨越迢迢银河，回到了天宫。

忙年流程表

一过小年，灶神上天，俗谓"百无禁忌"，节日便紧锣密鼓接踵而来。此时，东北人有一张约定俗成的"忙年日程表"，那就是：

二十四，扫尘日。这是除旧迎新、时空净化的仪式。城乡家户将衣物被褥、锅头灶脑、盆碗罐钵、犄角旮旯、厅堂仓厕打扫一新，遂将扫帚烧掉，以防变成精怪，作祟于人。

二十五，做豆腐。"豆腐"谐音"兜福"，除用作年食外，亦讨纳福迎祥的口彩。

二十六，炸冻肉。农家从篱笆墙边冰雪堆中起出冻肉，上锅炸煮，迎接大年。

二十七，铺新席。农家上午铺席，炕头席角，绑新红布一条，"见见新，翻翻身"，以示新岁时来运转，脱贫得富。亦说"二十七赶年集"，旧时称"打年纸"。这是当时最简单的购货形式，即把香蜡、纸马、鞭炮、年画、红纸、白糖、烟茶、糖果、作料等物用一张大红纸打包在一起。如今东北"打年纸"的内容和形式均发生了深刻变化，铺子上再大的红纸也包裹不住今日年货的种类了，除副食、鲜菜、鱼肉、作料、烟酒、糕点、年画、门神、挂签、台历、画册外，又有香蜡、鞭炮、电视机、电唱机、收录机、DVD、电脑，等等。

二十八，把面发。祭祖祭神用馒头，出锅前用秫秸印红，状如梅花，称为点红。无红不能为供，秫秸不能遭人畜践踏，要扔灶中焚毁。是日所蒸馒头，一忌碱斑，二忌裂口，三忌面不发，否则传说兆人畜祸福，家人不睦，日子不发旺。

二十九，鞴香斗。即用斗装五十斤高粱，抹平，以备插香。

三十晚上守一宿，即除夕夜篝火迎神守岁。

供大纸

大年三十，人人着新衣戴新帽，未时刚到，不知谁先放了一个鞭炮，接着村村落落此起彼伏，鞭炮声络绎不绝，家家户户开始上演丰富多彩的贴挂年俗。在热气腾腾的厨房，人们打好了糨糊，开始贴挂钱、贴门神、贴对联，贴"一家之主"的灶王牌和套印七色宫殿图的天地牌。天地牌有对联曰"天地之大也，鬼神其盛乎"，横批"天地位焉"。

一大早，我家南北大炕放好了桌子，研好了"金不换"墨汁，就见一个个胳膊窝夹着红纸的乡亲陆续到来。先递上一把扫帚，打扫靰鞡鞋上的雪，然后让到北炕沿，递上烟笸箩自己卷烟，又有半小簸箕炒好的瓜子推到跟前。南炕边我为爸爸写对子打下手，找一把老剪，把一卷卷红纸剪成明柱对、大门对、二门对、风门对、仓门对和猪圈、鸡架、牛棚、马厩、车舆、井泉的条幅，爸爸就撸胳膊挽袖子，龙飞凤舞挥毫泼墨了。爸爸写对子，根本不用翻看对子书，一年复一年，那些辞旧迎新词早已烂熟于心。比方说三间房两根明柱对，一般写"万里长江飘玉带，一轮明月滚金球"。东北离长江远着呢，满屯子人都没见过长江啥样，只是感觉对得很工、很美就写了，后来才知道这是乾隆下江南时写的诗。大门对"又是一年春草绿，依旧十里杏花红"，横批"春满人间"。风门对"天增岁月人增寿，春满乾坤福满门"，横批"门迎紫气"。屋门对"忠厚传家久，诗书继世长"，横批"路得青云"。也有写"向阳门第春常在，积善人家庆有余""人间锦绣藏金屋，天上笙歌送玉麟""身居光天化日下，家在青山绿水间""平安即是家门福，孝友可谓子弟风""华夏有天皆丽日，神州无地不春风""一元二气三阳泰，四时五福六合春""近水楼台先得月，向阳花木早逢春"。鸡架、猪圈、牛栏、马厩分别为"金鸡满架""金猪满圈""六畜兴旺"，仓房、车辆、水井、大门口分别为"五谷丰登""车行千里路，人马保平安""井泉大吉""出门见喜"，等等，横批为吉祥数字——"一元复始""二气调和""三阳开泰""四季平安""五福临门""六合同春""七星高照""八节康宁""九九归一""十分春色""百福并臻""千祥云集""万方同乐""亿祝斯年"……随意选择。

亦写春条，单匹条幅以春为题，贴在房门右首墙上，词曰"春天春地春水流，春草地上放春牛，春花开在春园内，春鸟喜落春树头"，等等。

贴好对联，南北大炕墙上贴满年画，什么"鲤鱼卧莲""九九消寒

图""沈万山打鱼""盗仙草""穆桂英挂帅""文君当垆"，也有堂画
"三国演义""红楼梦"和五谷丰登、连年有余、升官发财的历史故事，
风俗传说如鲤鱼跳龙门、金玉满堂、岁寒三友、天官赐福、龙凤呈祥、
榴开百子、魁星点斗……画面生动、情趣盎然，赚得全家喜，能生蓬
荜辉。

包年夜饺子

俗话说，"好吃不过饺子"，"穷过年，富过年，不吃饺子没过年"。
饺子因两端呈尖角形，称为"交子"，取其"更岁交子"之意。

素腊八荤过年。腊月初八可以吃顿素淡的五味粥，过年包饺子必须
是肉馅。一家人围绕桌前，擀皮的擀皮，包馅的包馅，喜气满堂。

摆放饺子寓意四通八达。饺子包出来了，桌上放不下，需要摆放在
秫秸帘或茶盘上。这摆放很有讲究，一要横竖成行，不可杂乱无章，以
示新年财路四通八达。忌摆圆圈，认为这是像蚕一样作茧自缚，在人际
交往上是个"死门子"。二忌一个一个数饺子，有"数饺子，死嫂子"
的顺口溜，虽无任何科学道理，但民俗忌讳是夜"算算术"，怕遭"小

人"算计，如果要真统计包多少饺子，也只能一五一十计算个大概数，或用多少面、多少馅或几盖帘来计算。

是夜包的饺子，忌讳捏成光边的"和尚头"，怕日子过得"老和尚帽子平沓沓"，毫无起色，或像和尚头一样，日子过"秃"了。只有捏出了褶，日子才能过得"牢靠"。是夜包饺子一般不用酸菜，怕日子"酸苦"。总之，是夕包饺子人要齐全，兄弟姑嫂一齐伸手，以示十全十美，摆放时要横六个竖六个，以示六六大顺，个个饺子要摆放安稳，以示四平八稳。

"升"与"增"中煮饺子。煮饺子时，屋里要不断有人问："生不生?"灶前人回答："生、生（取'生'与'升'同音)!"唯忌说"破"，说"破"则不吉，真有饺子煮破了，也不能说"破"，要说煮"挣"了或说"增"了。饺子临煮熟前，在锅里漂起来了，要喊："小日子起来了!"

吃饺子吃的是象征与遐想。浓郁热烈的民俗气氛中煮熟了年夜饺子，接下来是热闹的迎神吃年夜饺子了。东北人认为喝的是"元宝汤"，揣的是金元宝（饺子因其形似又被称作金元宝），吃饺子取"招财进宝"之意。饺子馅中包进钱物，吃到者算是吉利；吃到金如意，表示万事如意；吃到糖果蜜枣和栗子，表示早得贵子；更有盼子心切的，偷一碗饺子，藏在门后，边吃边喊："黑丫头，白小子，跟妈进门吃饺子……"以年夜饺子引孩子。

年夜饭

"说一千，道一万，三十晚上吃顿饭。"年夜饭是一年中最丰盛的一顿饭，十二道菜，象征一年十二个月：芹菜象征勤快，葱象征聪明，青白菜象征做官做人清白，青白韭粉合煮为长命菜，象征长长久久……千香百美，必须有鱼，"鱼""余"同音，取"年年有余""吉庆有余"之意。年夜饭是全家大团圆的宴会，一年不赶，赶三十晚。一年将尽夜，万里未归人。如家人届时未归，对全家是一件憾事，在父母是一件心事。餐桌上要给未归人留一个空位，摆一双筷，表示全家团聚。

此时又有预测新岁丰歉或旱涝的占卜活动，即从粮囤里分别称出二斤高粱、玉米、黄豆、水稻和谷子，大年初一早上再称，以秤头高低来决定一年五谷之丰歉；用一截秫秸装 12 颗黄豆，象征一年 12 个月，扎紧扔入水缸，大年初一以每月黄豆吸水多少来推测旱涝以窥探天机。

东北农家要在正屋的北墙，挂上三代宗亲即有列祖列宗名字的家谱图，设供桌，摆供品、香炉、蜡台，请祖宗们除夕回家过年。除夕，最隆重、最热烈、最精美的要数年夜饭，也叫团圆饭。开饭前，要噼里啪啦放一通鞭炮，大人要放"十响一咕咚"或大双响，孩子们要放红红绿绿的小鞭炮；待到天上三星横梁（即三星在天上打横，三星在户时刻，如遇阴雪天，要等五排香烧尽，视为半夜子时），院中要垒起旺火，笼火接神，不笼火接不来神。

笼火接神

除夕，在庭院东南角，搭起一个下大上小星宝塔形的木桦塔，内装软柴，便于点燃，等待着天交子时笼火接神。那时家里也没有个钟表，更谈不上广播电视，怎么知道天交子时呢？看三星。村里人管三星叫福禄寿，三星在户，其实指的是猎户座腰带上的三颗最亮的星星，即二十八宿西方白虎七宿中的参宿。参宿有三颗星，三星是打着滴溜由东向西运行的，偶一开房门，看福禄寿三星像门楣一样横在眼前，"三星在户"就是接神笼火的子时了。这时不知谁早先点燃鞭炮，继而家家户户搬出供桌放在庭院，开始笼火，一家家比火堆、比光亮，据说天上的福禄寿喜神看见谁家笼火最盛，就先幸临谁家。富贵之家，甚至要垒直径五尺、高达丈余的旺火，可燃烧几日几夜，以示旺气冲天，兴隆繁盛；屋里屋外要点得通明通亮，象征新岁新年，大路通天，亮亮堂堂。

庭院笼火接神，屋里煮饺子，摆放团圆饭，一夜连双岁，五更分二年，新正大月开始了。如今接神笼火之俗，还在延续，仍然要在看完中央电视台春节联欢晚会，也就是夜11时到翌日1时进行，那时正是天交子时。熊熊篝火照亮除夕夜空，再加上此起彼伏的鞭炮光亮和提着冰灯在村中乱窜的儿童，小山村陷入了过大年的流光溢彩。

全家人围坐在一起，茶点瓜果放满一桌。苹果一大盘是少不了的，这叫作"平平安安"。在北方，供一盆饭，叫作"隔年饭"，象征年年有余粮。这盆隔年饭用大米和小米混合起来煮，俗称二米饭、金银饭，有黄有白，象征"有金有银，金银满盆"。守岁备糕点瓜果，都想讨个吉利的口彩：吃枣（春来早）、吃柿饼（事事如意）、吃杏仁（幸福人）、吃长生果（长生不老）、吃年糕（一年比一年高）。除夕之夜，一家老小，边吃边乐，谈笑畅叙。也有俗户人家推牌九，掷骰子，赌梭哈，打麻将，喧哗笑闹之声汇成了除夕欢乐的高潮。

送儿压岁钱

守岁之夜，长辈有给孩子压岁钱的习俗，祝福晚辈平安度岁，孩子跪地叩头，给长辈拜年。孩子得到压岁钱，或带在身上，或用绳串起来置于床脚处。压岁钱又称厌胜钱、压祟钱、守岁钱，钱上一般刻"吉祥如意""福禄寿禧""长命百岁"等字样，用来驱邪辟鬼。传说有一名叫"祟"的小妖，专门在除夕之夜出来祸害小孩。它用手摸到孩子，孩子就会发烧，热烧退后，孩子痴呆。偏偏有一对夫妻在悠车上挂一串铜钱吓退了"祟"，那串铜钱八个，暗合八仙之数，法力无边。从此，这串专为小儿度岁避祸的铜钱被人们称为"压祟钱"。因"祟"与"岁"谐音，久传之后，就变成了压岁钱，送压岁钱之俗相沿至今。吃过年夜饭，阖家人点灯熬夜，辞旧迎新，彻夜不眠。据说谁在除夕夜守岁不眠，谁就会在一年里身体健康，万事如意。

沪上春节碎忆

赵昌平

虽已年及古稀，然而幼时的春节记忆仍然似在目前……

六加一罐糖果

大抵在灶王上天日前后，父亲就要开始为六个子女准备春节的各色糖果了。随他采办节糖是一种乐趣，因为同时可以"吃点心"，大快朵颐。南市冠生园旁的乔家栅，北海第一食品商店附近的沈大成，都是沪上著名的点心铺，也是我幼时的最爱，以至"积习难改"，这些老字号，也就成了我长大后经常携女友光顾的地方。说来也有点多事。当时本流行一种"什锦糖"，就是将各色软硬糖果杂拌在一起，花花绿绿的，煞是好看；但父亲偏不中意。定要亲手挑选，亲手拌和。冠生园的椰子糖、ABC水果糖，还有"米老鼠"——大白兔糖的前身，益民厂的太妃糖，采芝斋的枣泥松子糖，便是这个"赵氏什锦糖"中年复一年的主角。除夕夜，年夜饭后包馄饨，相当于北京的包饺子；吃过馄饨，便是孩子们最为期盼的分糖时刻了。各人都早早自备了糖罐，但无论你的罐儿多大，每人的得糖数是一样的。父亲将各色糖果倒在桌上搅拌，五色缤纷，在除夕明亮的灯光下，熠熠生辉；母亲边织毛线边含笑下了指令：自己拿吧，每人米老鼠五只、太妃糖五只、ABC……我曾经纳闷，直接从各个糖袋中如数分给我们岂不省事。稍大后似乎懂得了双亲的用心：一来亮灿灿的一堆自有吉祥兴旺之意；二来"自己拿吧"，应当是对孩子们的一种信任与诚实教育。孩子是六个，但糖罐却有七个，那多出的更大的一个是父亲自己备下的，然而不是为双亲自用。

父亲曾多次对我们说起他最美的梦想是在老休后在天井中设下一排排糖果罐，邻家的、亲戚的，甚至路过的、乞讨的，所有来到我家的孩子，每人都可以分到一把糖。然而，他退休时，正是"文革"后期，曾经的"大少爷"艰于维持一大家子的生计，自然更无力来实现他这并不为侈的梦想了。幸好有当初每年除夕那六罐之外的一大罐糖果，预演了他那梦想——那是为春节中弄堂里对他说"赵伯伯，恭喜恭喜"的孩子们预备的……

一幅影堂与一条鲤鱼

祭先祖、拜菩萨，春节前后繁多的祭奠，当时我就搞不太清。印象最深的是一幅国画中堂般大小的影堂。所谓影堂，就是先祖的画像。这幅影堂是集合型的，绘有十几位近世祖先的遗容。悬挂影堂是家里的一件大事。先数日要再度扫除，雕有"八仙"的笨重的红木客厅家具都搬到大门外，一件件保洁，我的工作就是擦拭木雕无数凹凸与镂空中的积尘；客厅悬挂的画幅，也总要换上几件更珍贵的，后来听二叔说有郑板桥的竹子，等等。

应当是在小年夜的中午，祖父洗手后，虔敬地从储藏室里请出影

1956 年上海的春节，在新城隍庙买兔子灯

像，南向悬客厅东侧，并另设祭桌，想来这是因为正中供奉有数尊佛菩萨，供品常设。陈设既毕，全家依辈分，同一辈中再依长幼，二十多人叩拜似捣蒜。红红的炭火焰光中，祖先们似乎也很"消受"。虽然祖父年复一年会对我讲说这十多位祖先的名讳履历，但老实说幼年的我根本不懂，只是在深感敬畏之余，不时偷窥供桌上的那些时令鲜果。祖父的讲说常常是以"积善之家，必有余庆"作结的，并细加解说，所以我算记住了，但也似懂非懂。直到少年后翻看家谱，才发现祖父说的八个字未必尽对，倒不如换上另外八个字"君子之泽，五世而斩"。因为家谱上祖先们的履历，可谓"一蟹不如一蟹"。从红顶到蓝顶，再到绍兴师爷，再到行医，至祖父这一辈便是药材商了，所以我家客厅正中供的是药王菩萨炎帝神农氏。1963 年我考上北大中文系，北行的火车启动前，他递给我一纸家训，有十条。第二条起都是"公私财物要分清"之类的私德训诲，而赫然领头的第一条则是"听毛主席话，跟共产党走"。扯得有点远了，主要是想说，春节悬挂的这幅影堂，可视作一个大家族在

中国近现代变迁的历史见证。如果让祖父据此做一份口述史，应当会很生动，祖父那时的旧物中，让我至今牵挂的是厚厚一本家传的"秘方"。1958 年，他"献宝"上交药材公司了，下落如何，也只有天知道了。

影堂在除夕夜前便走下祭坛了，以下印象最深的是一条鲤鱼。这是除夜祭品中唯一的活物，足有十来斤，洋洋于一个直径一米余的红漆木盆中。我家一年仅一次买一条鲤鱼，平时鲤鱼是绝对不上餐桌的。虽然祖父已是商贾，然而总也不忘所谓"诗礼传家"的窘窘门风。所以跃龙门的鲤鱼，在我家只有除夕的这一条，自然是用来"放生"的。放生的地点是城隍庙九曲桥下的那一片水池。从大东门的我家到小东门的城隍庙，平时走着去也不过二十来分钟，然而除夕夜，放生时刻，由于"人摩肩，车击毂"，坐着人力车去也要行四五十分钟。有趣的是，有一年我们的车与邻车真的"击毂"了，对方的车夫用苏北话高声大骂："杀头嚘!"以后多年，这句粗话成了我们嫡堂间十几个孩子打吃水仗时最犀利的"武器"。除夕大祭毕，"生"鱼总是装在蒲包里，由药行的孝财师傅保护着几个孩子去放的；而作为嫡长孙，开包而放的一定是我。说实在，虽有节灯，但根本看不清鲤鱼儿是否像庄子说的那样乐焉优哉，只是桥下此起彼伏的扑通扑通的声响，与溅起的一团团水花，诉说着放生者的众多与节日的欢快。这时，我总会望一眼湖心亭旁那尊屹立了数十年的辛亥功臣李平书老先生的石雕像，老人家这时候显得似乎更加慈祥。放生是否真会佑护读书人的文运？1963 年，我考取北大中文系时，一位小伙伴曾经说："看来你放生鲤鱼放多了，文曲星光顾你了。"然而也不尽然，1968 年，我到内蒙古，第一站是巴盟人造海军垦农场，那时，我开戒吃了真正跳龙门的肥美的黄河鲤鱼，而且一发不可收，以后只要有机会，我总会点这道菜，然而文曲星似也未降罪，我的文章生涯，便是在吃鲤鱼数年后开始的，而且还小有成就。可见还是孔老夫子最为通达：因为"不知人，焉知鬼"，所以"祭神如神在"。

爆竹大战与元宵兔灯

各种节俗都会在不同时期沾上时代的特征。比如说放爆竹，我幼时最开心的不是除夜、初四夜的接送神道，也不是观看祖父、父亲从城隍庙买来的堪称整条里弄里最大的烟花燃放，而是孩子们自己发起的"爆竹大战"。用爆竹开仗，在今天的小皇帝们看来肯定是匪夷所思，但在20世纪50年代前期的小淘气们却是志之所趋。抗日战争、解放战争过去不久，抗美援朝"雄赳赳、气昂昂"的战歌声又响彻大街小巷，电影、小人书，甚至"西洋镜"中我军的英武神勇，日日教育着孩子们保家卫国的神圣。可以说那时的孩子们还真有点尚武精神。平日里，斗殴肉搏，打小小的群架，大人们也不大过问，哪个家长为孩子出头，舆论会称之为"小题大做"的"十三点"。然而平时也只能"冷战"，真正用上火器，只有在春节间。那时孩子们方有钱可以大把大把地囤积"武器"。爆仗战的起因似乎是因为一次争"孩子王"的宝座，后来也就相沿成"俗"，成为孩子们春节时自编自演的节目了，延续了五六年。时间大多相约在初四夜，那晚接财神，晚饭后，就有人家此起彼伏地放爆竹了，可以为孩子们的淘气作掩护。前后支弄堂的孩子，一边十数个，在总弄堂里摆开阵势，两边的小首领一声令下，战斗便开始了。先是"步枪点射"，互掷小鞭炮；夹杂着冲锋枪连击，一小截连着的小鞭炮噼噼啪啪。接着就是炮战了，二踢脚夹着连吐三五朵火球的电光炮（月炮）、钻天的"九龙"，都用来平射，砰砰声夹着串串电光，煞是好看。有趣的是"地老鼠"，放在地上点着后它左右乱窜，砰地炸响，不仅让"敌人"防不胜防，还时时让两旁大胆的摇着"兰花"观战的女孩子们惊叫着跳着躲避。爆竹大战一般不超过半个小时，而高潮自然是最后在

"嗒嗒嘀嗒"的冲锋号中的"决定性"一搏，决定胜负的还是弹药库充裕的一方。冲锋时，用手巾包着小型的"万花筒"，燃着后冲向对方阵中，这玩意喷射面积大，但"贵"得很，哪一方多，一般就稳占上风了；也有退却后卷土重来的，因为那玩意儿也就发威个半分钟，燃尽了，便是肉搏战了，有着靠"人的因素"反败为胜的机会。因为双方距离有十多米，"火力"又毕竟是"小儿科"的，加以事先约法三章，不许用暗器伤人，如石块、弹弓什么的，所以一仗下来，很少有真正受伤的，记得我受伤最重的一次是左手食指拇指因平射"九龙"被烧得有点焦黄，衣服胸襟处被烧出一个铜板大小的洞，回家后，妈妈也就说一句"又打炮仗了，你就穿着这破'新衣'过完年吧"，看来大人们还是知道我们这有点出轨的游戏的，他们以为只要管住孩子们的压岁钱，小泥鳅就翻不出大浪。真是够通达的……

打过爆仗后，这节期就有点乏味了，美好的节日即将过去，一丝隐隐的"伤感"在孩子们的心中竟也逐渐泛起，而曲终奏雅的便是元宵节了。因为厉行节约，移风易俗，20 世纪 50 年代初的元宵各地很少有盛大的灯会，我印象最深的倒是小学音乐课教的一首关于灯节的歌词，至今还记得："南街上过来，小孩儿童么呀嗨，手里那有提，水红呀灯么呀嗨。嗨，宋江的灯，李逵灯，有一盏曹州鲁智深，嗨嗨嗨嗨，呼啦啦闪闪——小燕儿青么呀嗨！"歌词中那水浒英雄灯，那时是看不到的，但街口的三民商店、弄堂口的"大卖糖的"，弄内的"小卖糖的"，元宵节前数日都会挂出各色彩灯，除传统的兔子灯、蜈蚣灯、走马灯等外，最多的是一种庆祝解放的新灯——红五角星灯。大概因为已忙于工作，大人们，连对过节尤其重视的父亲，对于元宵也已不问不管，孩子们打过爆仗后，大多已囊中羞涩，所以那时里弄里元宵的灯火可谓寥若晨星。有一年，我真正的启蒙老师、就读于复旦俄语系的小姑姑，见我郁郁寡欢，便自己动手给我用竹扎纸糊了一个硕大的全白的兔子灯。元宵晚饭后，我拉着大白兔到了总弄堂，也就七八个孩子吧，还多为"小娘鱼"，擎着灯在晃悠。我的灯大，蜡烛也长，到了大家都回家时，我的兔灯还独自亮着。回想十天前炮仗战的热闹，不由得"悲从中来"。各支弄中有一条，我们称之为黑弄堂，外连着前清的道台衙门所在地，这弄堂的主要建筑是一大溜钢筋水泥的楼房，曾经是国民党第五稽查大队所在地。因为楼高，又加以从前清到民国这里传出过许多刑讯的声响，道台街门前的旗杆上还挂过人头，所以这支弄就显得阴森森的，平时夜间孩子一般都不敢去那儿玩。那一晚，也不知何故，我独自拉着大白兔走进了黑弄堂，却不料，兔儿绊着一块石头，倾倒了，烧了起来，我无意去救火，反而加上一脚，喃喃着"烧吧，烧吧，明年再来……"在熊熊的火光中，不觉流下了两行泪……

河湟年味

张宗显

　　"河湟"，河是指黄河，湟是指湟水（包括支流大通河），是黄河重要支流，春季融雪是丰水期，古称"三河间"，农业发达，是青海东部最富庶的地区，西倚青藏高原，位于黄土高原和青藏高原之间，有国道、铁路通过，是连接陇兰的重要通道。

　　河湟，自古以来多民族在此繁衍生息，至少从秦汉以来，羌、吐蕃、吐谷浑等先民耕牧其间，创造了辉煌灿烂的河湟文化。

　　现在生活在这片土地上的藏族是吐蕃后裔，土族为吐谷浑后裔，回族来自新疆、江淮、河北、河南及陕、甘、宁等省区。至于汉族，多随历代王朝拓边而迁入定居。

　　来自中原的汉人把自己家乡的社火、秦腔、眉户、小调带入河湟，融汇其间，使得年味浓烈如陈年老酒，不饮也醉人，让偶尔涉足其间的外乡人恍如隔世，大有今夕是何年之感。

　　河湟人过年，当以社火为最。没有社火的年景，那算什么过年。年要有年味，就像人要有人情味，年味就在社火里，老人喜欢，孩儿兴奋，大姑娘小媳妇跑圆了，看了上庄看下庄，一直看到正月十六七。

　　说来你也许不相信，社火是年轻人耍的，可是如今的年轻人忙于出门挣钱办光阴，对无钞票可进的营生兴趣不大。可是喜欢这一口的老年人有的是办法。说是山有山王、人有人主，老者会头是一方神祇的代言人，他们发下话来："万寿寺的佛爷，山圈庙的龙王，娘娘庙的三宵娘娘要社火哩。众位乡党，有钱的出钱，有人的出人，今年的社火，要耍好！神佛高兴了，保一方平安。庄稼人靠的是风调雨顺，出门人靠的是平安康宁。若谁家怠慢了神佛，怪罪下来，吃罪不起。"话都说到了这个份儿上，给你借个胆你也不敢了。得罪了神佛，有个头痛脑热的你不心慌才怪，更不要说遇上七灾八难了。天大地大，庄户人的眼里啥事也没有神佛大。临近年关，再大的事也要放下，轮到要社火装"身子"的小伙，都攒到庙院里锣鼓喧天地动起来，立刻便有了年的气息。

　　年前操练，过了初五才上演。看看河湟人怎么忙年。腊月八，吃搅团。吃了这顿饭，就开始准备过年了。廿三送灶君，廿四搞卫生，廿五杀猪，廿六炸油果，廿七蒸馍馍，廿八擀长饭，廿九烩菜，烩完菜，刀、剪、刃具入库，扫帚休息，三天里不得动用。

　　三十上午，汉民要上坟见先人，回民们见了，好开玩笑："老汉儿们腊八的糊涂饭（搅团）吃上了，油了面了的挖开了，三十晚上清醒了，阿大阿妈地喊开了。"

　　汉民听了一乐，双方会心大笑，互道明年见。

　　下午贴春联，贴钱马。说起贴钱马，有一首"花儿"道尽了出门人一年的辛酸：

　　　　三十晚上贴钱马，

　　　　才知道过年着了；

没挣上银钱回不了家，

才知道为难着了。

三十晚上，是家攒（全）人攒的日子。家人围坐，啃骨头喝酒，猜拳行令闹通宵，谓之守岁。过了零点，攒灯、化表、烧长钱，接福神。大房地上铺胡麻草，以便初一早来磕头的人跪着软和不沾土。

初一早上，拜年。先拜长辈，再拜本家。晚辈给长辈磕头，长辈撒糖果说喜话："孩子们，你们想事得到，谋事得成。"一时核桃枣儿满天飞，乐得孩子们满地滚，其乐融融，谓之厌胜，核桃枣儿，即为压岁钱。

初二，女婿拜丈人，外甥拜娘舅，都是亲上亲，不拜难见人。

初三，走亲访友，一直到十五。过去拜年，庄稼人穷，送几个油果为礼当。以后时代，赶时髦，啥好送啥，不一而足。

初五以后，锣鼓喧天，各村的社火动起来了。你耍社火，我跳藏舞，最有意思的是汉民跳藏舞，做买卖的回民也挤进看热闹，挣钱娱乐两不误，你看民族融合得多融洽。

年里既耍社火，又唱大戏。看啥，随人所好。年轻人好热闹，直奔社火场。老年人好安静，喜欢静处听唱戏。最钟情的是《铡美案》《柜中缘》《李彦贵卖水》，小品《钉缸》《方四娘》等。

1949 年新中国刚成立那阵儿，如今的老人当年都是尕伙。他们对新中国刚成立时的爱国情景仍难以忘怀：每年初一、十五都要搞卫生，插红旗，唱大戏，一月两次，月月都搞。家里家外，街道巷道都扫得净汪汪亮堂堂。环境干净了，人心亮堂了。家门上插上红旗，鲜艳得让人兴奋，心里别提多高兴。一高兴，不唱两声是心里移不过。唱啥呢？最喜欢的是社火调藏舞歌曲：

一九四九年呀，

青海解放了，

赶走了马匪帮，

人民真喜欢。

这首歌，几乎是一代人的心声。高兴了唱，喝上两杯也要唱，年节聚会时更要唱。

当时正规的戏台上最时兴的是《改造王三宝》，紧接着是《兄妹开荒》。这戏是如今已九十高龄的乡贤马永魁先生从宁夏传过来的。当时，他刚从兰州大学毕业，是古鄯这地方的第一个名牌大学毕业生，人称马大学至今。马大学自任导演，边教边演，把《兄妹开荒》演活了，一时很火。为啥？这一出戏，让人感到了来自延安的气息。延安，那是毛主席生活过的地方，那是他老人家领导人民打天下、翻身得解放的地方，令人备感亲切。一直演到 1957 年，至今思来，那时人亲，那时戏好，想忘也忘不了。

"文革"前的一段时间，每逢节会还演大戏。有过一段笑话，值得一提。某年，四月初八，古鄯街上唱戏，一户人家的公公和儿媳来看戏《狸猫换太子》。晚上吃饭时，公公问儿媳道：

公公："今天唱的是啥戏？"

儿媳："胡麻换菜籽。"

公公一听，笑岔了气，浆水面叶喷了一地。儿媳不解，闷头只顾吃自己的饭：不知他老人家笑个啥，山羊胡子翘到天上去了！

看罢戏曲，去看社火，李家山的藏舞舞到桦林嘴村了。

李家山的社火是藏舞，最有看头，男人头盘红璎珞，一袭藏袍，腰悬满尺的刀子，白海螺耳环最抢眼。那雄壮稳健的舞步地动山摇，踏得地上的积雪成稀泥，又把稀泥跳成了土，裤脚裙摆扫起的淌土落满了观众的脸和身，庄稼人不觉得脏，还觉得有气势，这才是年味。因为祖祖辈辈留下一句话：人是土里生，土里长，最后还让土吃上。

突然，社火头领一个手势，喧天的锣鼓戛然而止，飞出了天籁般的歌声：

> 桦林嘴的众人你实听，
> 再叫个长辈们听分明；
> 你们的村庄是聚宝盆，
> 踏起来的淌土变成金。

山圈地处八盘山和茅墩山下，北面川水地区的热浪聚于此，与这里的冷空气形成冰雹毁庄稼。庄稼人全赖山圈庙里的黑池龙王和九天圣母娘娘保佑，守护田院。过年时，耍社火，先娱神，后娱人。往山圈庙里送社火，答谢龙王、娘娘保佑庄稼有功，还指望明年的庄稼，青的得种，黄的得收。颂扬之词云：

> 抬起头来往上看，
> 龙王娘娘云头上站；
> 小小社火来降香，
> 草民（哈）保吉祥。

菜籽湾村的宁家、何家、蒲家善治家，1949 年以前都是远近闻名富豪人家。有一年耍社火时赞扬这三家的唱词流传至今，仍被后人津津乐道，赞叹不已，唱词云：

菜籽湾的庄友们你实听，

再叫个众人听分明；

宁家的骡子董家的粮，

蒲家的银子能砌墙。

乐都北山上的藏族人家，过去过年有祭山神的习俗。神山有的近，有的远，远的要骑马去祭祀。返程时赛马助兴。赛马场上快马似箭，尘土飞扬，欢声四起，争得头名是英雄。羡慕的人们捧上哈达，敬美酒。骑手喝了张家饮李家，不负众望，酩酊而归。

这里的赛马不争头三名，要取十三名，一到十三名都有奖，谓之十三马。说是源于唐朝，当年文成公主出嫁进藏，藏王松赞干布为迎娶远道而来的文成公主，举行盛大的欢迎仪式，其中一项是赛马。松赞干布本人也参加到赛马行列中，让文成公主观看他的马上英姿，然后赐奖品。但他的马没有争上头名和二名，而是第十三名，文成公主为表达对松赞干布的深情，宣布从第一名到第十三名都有奖，而且从第一到十三名给一样的奖品。所以这里的藏族赛马取十三名就是从那时候开始流传下来的。有趣吧，有兴致你也来这里赛一回"十三马"、过把瘾。

正月十四，转导乡宏化寺的走马会，政府组织县境以内的回、土、藏、汉四个民族的骑手争相参加，来者不拒。只要有好马好骡子，都来比高下。好马比速度，好骡子比走势，谓之走马会。会场上人山人海，人欢马叫，小贩叫卖，大姑娘小媳妇穿红戴绿，好不热闹。再看来参赛的选手们：人是人精干，马是马漂亮。你看迎面走过来的那位回族帅哥：白顶帽，八字胡，白布汗褡青夹夹，足蹬马靴牵着马，你看潇洒不潇洒。他牵着小红马，马鬃辫成龙盘花，油光水滑赛过白龙马。见者皆啧啧赞叹不已，都说是神驹，夸他人俊牵好马，今年的头名定属他。他一乐，就给众人亮了一嗓子，铃铛般清脆地漫了一声让人心醉的"花儿"：

> 胭脂马儿的好走首，
> 尾巴上挽了个绣球；
> 睡梦里妹妹俩头对头，
> 醒来时抱着个枕头。

从古鄯驿往南七里地的地方，有座藏传佛教寺院，人称七里寺，每年正月十五有藏戏《火烧年羹尧》，引来藏汉观众成百上千，还吸引了做买卖的回族前去观看。一时人潮涌动，交通几乎为之中断。

跳火堆，送火把，挂灯笼，是正月十五的一景。2008年正月十五晚上，广东民间文艺家协会的陈周起先生采风到此。是晚我们散步到一个叫邓槽湾的村子时，正赶上村人在自家门前放草堆，一户七堆，户户相连，一眼望去，足有二里地。村人点火时，来客惊愕不已。我说"跳火堆"，说完，我就开始跳，让他跟上跳，两人一口气从村北头跳到南头，他大乐："这年过得有意思。累死我了，以后要带孩子来此过年。"

为啥要在十五晚上跳火堆、送火把、挂灯笼？孩子们问我，我心里也自问，一直不明白。近日拜访当地乡贤唐昌明、李登科、陈元先生，他们皆年逾七旬，都说："听老人们说，这源于火化蒲州的传说。"

相传，很早以前的一年正月十五，东海龙王的太子变成一个英俊青年逛蒲州庙会，他在人群里瞅见一个漂亮姑娘，上前调戏，逛会的蒲州百姓实在看不下去，便上前饱揍了一顿。挨了揍的龙子逃回龙宫向龙王告了蒲州百姓的恶状，龙王气不过，求玉帝在来年的正月十五晚上降旨火化蒲州。玉帝听信谗言，就把火化蒲州的差事交给了关老爷。关老爷生前是蒲州人，得知这一消息后，决意要拯救蒲州百姓。他变作老妪来到一户人家求食，这家人热情款待了他，临行时留下一首诗："正月十五月浑黄，预防灾星起南方，红灯高悬厅堂外，夜过子时凶化祥。"这家人不解其意，请老学究破解。老学究端详良久，突然醒悟过来说："哎呀，此乃上天有好生之德，欲救难于你家。诗中说正月十五，月色浑黄不明，南方者丙丁火也，有火灾。要你们在门前挂个灯笼，这样就可以化凶为吉。"这家人把挂灯笼避灾的办法告诉了庄邻亲友，老学究也把这个消息告诉了家人。一传十，十传百，到了正月十五的晚上，蒲州人家挂满了大红灯笼，大门外还跳起了火堆，有的人举着火把舞龙，远看是一片火海。关老爷向玉帝报说："蒲州已经火化。"玉帝从云端看见蒲州一片火海，信以为真，遂做罢论。

就此，蒲州百姓免了一场灾难。为了庆贺逢凶化吉，遂把正月十五定为灯节，跳火堆、送火把的习俗就这样流传下来了。还流传下一句话：官向官，民向民，关老爷向的是蒲州人。

按常规，过了正月十五，年就过完了，春节期间的演出，到此结束。可是天下之大，无奇不有。1949 年以前，正月十五这一天，闻名甘、宁、青的民和麻地沟《目连》戏却刚刚拉开序幕。八天阳戏，七天阴戏，历时 15 天，一直演到二月初一。观者如潮，不下十万人。惊动马步芳调派享堂驻军前来维护秩序，盛况空前。前九卷在戏台上演出，第十卷在刀山上演出。真刀真人上刀山，4 把铡刀，116 把马刀，共 120 把刀扎成的刀山，寒气逼人。看着光脚丫踩着刀刃噌噌往上蹿，观者屏住呼吸，大气都不敢出，数万人静悄悄的，掉下一枚针都能听得见。由于种种原因，如今已无法继续举办"刀山会"活动。

麻地沟所有村民中也只有王存湖老人能哼唱下来《目莲》戏，随着年事增高，许多台词、唱词都已忘却。麻地沟人说："若要上刀山，要唱全本戏；不唱全本戏，不能上刀山。"抢救《目莲》戏迫在眉睫。

忆卓尼春节

杨 正

    我出生在一个土司家庭，我的祖先来自西藏，据说是松赞干布的后裔，到了明永乐年间，我的祖先归附明朝，被封为卓尼土司，到正德皇帝时给我们家庭赐姓杨。一直到 1949 年新中国成立，到我的父亲杨复兴，一共传承了 20 代，经历了明、清、民国。1949 年 9 月我父亲率部通电起义，宣告了土司制度的终结。

    我小时候，过年是非常开心的事，记得从腊月二十三发糖开始就天天都有好吃的了，每天都有瓜子、核桃、花生、柿饼、大豆（北京叫铁蚕豆），正餐吃火锅、饺子之类。那时野鸡比较多，也吃爆炒野鸡肉，野鸡是我父亲亲自打来的。大年初一天不亮，大约 3 点钟就要去卓尼禅定寺拜佛，我小时候跟着去过一次，只记得大经堂黑洞洞的，多少有点令人害怕。回来后天亮了，大家放炮，大人们互相拜年，我们小孩子就惦记着多收些压岁钱。初二，我父亲带我们骑马给我的几位祖母拜年。我爷爷有四房太太，新中国成立后健在的有三位，住在不同的地方。因为能骑马，还能走很长的路，所以我比较喜欢。再就是正月初八要去祭

卓尼年俗跳法舞

拜祖坟，到坟上叩头、烧香、烧纸，还要放枪。那时候枪还没有严格管理，一般都是朝天鸣放，有冲锋枪、七九步枪。这些枪我都不敢放，后坐力太大，大人们就拿着让我勾扳机。有一种卡宾枪，后坐力小，我可以自己拿着放。

正月十五，在卓尼要举行晒佛活动，由成群的喇嘛，抬着约十米左右长卷佛像，在很多民众簇拥下，抬到一处高台上，然后徐徐放下，下面黄罗盖伞下，由一名活佛领头，周围是一些喇嘛诵经，更外层是群众。我父亲和我被安排在活佛旁边，有一块地毯，我们坐上面。

正月十六，是"打仗杆"，在禅定寺大经堂前的广场上举行。这个活动按宗教规程每三年举行一次，我在20世纪50年代参加过一次，我父亲和我被安排在大经堂楼上的阁间里。开始是宗教法舞，喇嘛们头戴面具，身披各色彩绸的衣服，手里还要拿一些器具，随着简单的鼓点和大钹的敲击声起舞。这种法舞应该有三四种，依次上演。一两小时以后，由寺院选出最有道行和威望的高僧来打仗杆。开始在院中架一顶大油锅，里面盛满青油，下面架起干柴燃烧，在油锅上面架着一支长杆，杆尖上挂有一张写有符咒的纸。这位高僧口中念念有词，手持一把铁

今天的禅定寺大经堂

勺，勺里放着硫黄、盐巴一类的易燃易爆物，待大火将油锅内的油烧得开始翻滚之时，突然高僧将勺内的易燃物倒入油锅，霎时，锅内火苗浓烟爆起，将长杆上的符咒冲飞。这时，群众欢声四起，带枪的民众朝天鸣枪，活动达到高潮。往油锅里倒易燃物的高僧，必须道行深厚，否则就会伤了自己。据说1958年以后，这项活动就再没搞过，一直到1986年春节，禅定寺又搞了一次。那时我已大学毕业，先是在县一中当教师，1983年底任副县长，1986年春节时，我是副县长代理县长，在卓尼又过了一次春节。春节期间举行了社火表演，由县城周边三个村子组织了三个社火队，到各机关大院和大街上表演舞龙、舞狮、踩高跷等活动，正月十六禅定寺也恢复了中断多年的打伏杆活动，这次没有开大经堂楼上的阁间，我和县上几位领导在大经堂门口摆了一排桌子观看了活动，在活动最后没有鸣枪，用放鞭炮代替。

值得一提的是，1969年我插队到延安，在延安县梁村公社兰塔大队，当时提倡的是过"革命化"的春节。初一早上，我们十几个知青就挑起担子往地里送粪，不到中午，队长宣布让我们收工，而且通知春节期间知青们到村里30户村民家里轮流吃一天饭。每户群众都是拿最好

卓尼年俗"打伏杆"

正月十五晒佛

的东西招待知青，有的家里断了粮就到亲戚、邻居家借粮招待我们，让我们深深感受到延安人民的厚道、朴实和热情。我今年 65 岁了，一辈子吃过很多丰盛的饭菜，但我一直记着在兰塔大队过年时吃过的油糕、酸菜粉条、小米干饭。

高山族的过"年"

田富达 口述　高芳　牛梦岳 采访整理

　　我是高山族泰雅人，出生于台湾省的新竹。1945 年我 16 岁时，国民党在台湾招兵，当时我正失业在家，父母过世早，家里的两个弟弟一个 10 岁一个 8 岁，全靠我一个人抚养。出于生计和国民党开出的优厚条件，我参加了国民党军队。当兵后我才发现，原来招兵时许诺的种种"优待"都是骗人的。后来我偷偷跑了两次，都被抓了回去。就这样，1946 年底，懵懵懂懂的我便稀里糊涂地在国民党军的裹胁下，离开台湾来到了大陆。1949 年 1 月 9 日，在山东鱼台的一次战役中，国民党军大败，我被解放军解放了。同年 9 月，我有幸作为台盟代表参加了中国人民政治协商会议第一次全体会议。"文革"后又被调入台盟工作，现已离休。

　　说到过年，我们高山族既没有元旦，也没有春节，只有两个节日，一个叫丰收节，一个叫播种节。如果按过年说的话，大致跟我们的播种节差不多。

　　无论是丰收节还是播种节，均无定日，都是按照生产的节气而定。

田富达，台湾新竹泰雅人，台盟中央原名誉副主席，1949 年 9 月作为台盟代表参加了中国人民政治协商会议第一届全体会议（牛梦岳 摄）

而这个节气跟汉族的节气又不一样，一个村子或者一个部落才可能有统一的时间。新竹在台湾的北部，泰雅人居住在 500 米到 2000 米的高山上，按照播种、收获的气候条件，我所在的部落，每年的丰收节一般是在六七月份，播种节大概是在 12 月 25 日左右。

泰雅一年中最热闹的时候就是 12 月间，这既是二季稻的收获期，也是一季稻和小麦播种的前夕。泰雅沿袭了刀耕火种的耕作方式，不像汉族的耕地是固定的，而是种满三年就不要，另开辟新的。一开始是砍，即把新开垦土地上的树木杂草都砍掉，砍掉以后晒，到 11 月底 12 月初再烧，用灰做肥料，清理好了就可以种了。先种蔬菜，过节的时候刚好可以吃，然后到了 1 月份就开始种小米，2 月份开始种水稻。我们所谓的过年就是过播种节，因为它预示着新一轮耕种的开始。

新竹的泰雅约在 12 月 25 日左右过播种节。日本人来了以后，硬给我们规定在了 12 月 25 日这一天。

我还记得，12 月 25 日这天，父亲天不亮就叫醒我，跟着他一起去做一种每年必做的神秘仪式。我们那里有一种谷物，长得矮矮的，果实颜色像鸡冠花一样，是紫色的，结的谷子跟小米差不多。我们祖祖辈辈种它，到我们这一代就不再吃了，只作观赏。父亲把我叫起来，带着这种种子，还有一把小锄头，到院子里土壤最肥沃的地方，把种子撒下去，然后用小锄头整平。现在回想，这恐怕就是"播种节"名称最原始的由来吧。弄好之后，他口中念念有词，我也不懂，只知道好像是在对祖先说着什么。然后他又带上提前准备好的从山上砍下的树干，让我跟他一起插到家后面的山上。树干上捆有十来个竹筒，每个竹筒里面都放了吃的东西，有米饭、年糕，有鸡肉、猪肉、牛肉……这一大早的活动，还有拜祖先、扫墓，家里的妇女都是不能参与的。

早上是到墓地扫墓拜祖先，向祖先汇报今年一年的收成和明年一年的规划。墓地以部落为单位，里面又按照氏族划分彼此间的地界。在氏族的墓地里，前头目的坟墓在最中间。扫墓这天，每家都要带一大包的供品，有鹿肉、鸡肉、猪肉、牛肉、鱼虾，还有粮食和酒。由于耕牛是重要的生产工具，泰雅人较少吃牛肉，但是一般来说，不能再耕地的衰老的牛还是可以杀来吃的。

拜完祖先，大家带着各自的供品，就地集中在一起吃肉、喝酒。后来日本人干预，不服从就罚款。日本人最怕我们利用这个机会搞聚会，因为人一多，议论就多，而往往是在这种场合对日本人发牢骚。加上又要喝酒，更可能会闹事，一闹事就可能去砍日本人的脑袋，高山族历史上就曾有过雾社起义。所以日本人禁止我们拜完祖先后聚会，供品也只许带一点点。我记得从我七八岁开始就这样了。

拜过祖先，部落里的人们互相串门，相当于汉族的拜年。不过我们不叫"拜年"，因为我们不过年，也没有"年"的概念，只知道一个冬天、一个夏天；也没有"月""日""时"，平日种植作物完全是根据天气冷暖和特定植物开花落叶的时间安排，每天则是靠看太阳知道时间。

串门是有说法的。主要是氏族内部互相串门，通常是大家到头目家里聊天。酒是必须带的，可以带吃的，不带吃的吃头目家的也可以。大家都很尊重头目，因为他是自然领袖，正派、公正，劳动最好，如果本氏族同别的氏族、别的民族打架，他能够把大家组织起来。

串门之外，妇女们还会搞一些跳舞唱歌的活动。串门和跳舞都是大人的事情，小孩子不参加，我们那时候玩斗鸡。谁要是有好的公鸡，每到这个时候就抱着出门，顺着村落去找上一年最好最厉害的鸡一决高低，其他小孩则跟着看热闹。除了斗鸡还有打猎。真正的打猎是大人的事儿，对小孩来说，打猎更像是一种娱乐。带着猎狗到山上，碰到了就试试运气。这一天还有小伙子们的射箭比赛，姑娘们则是织布比赛，织好了一起互相观赏。

播种节这天，主要是吃年糕和酸肉。对于居住在山区的泰雅人来说，年糕是最好的食物，因为吃了经饱，爬山也有劲儿。每到过节前五天左右，舂米、捣米……打年糕的声音从家家户户传出，非常好听。

泰雅人吃肉，有煮着吃的，但主要还是做成酸肉。生的猪肉洗干净后，切成一小条一小条晾干，把大米煮熟，放凉备用。先撒一把米饭，然后放晾干的生猪肉，再撒上盐，最后将饭和肉粘在一起，闷在坛里封严，放一个月以上，就可以吃了。这时候再打开坛子，肉变得又香又酸，美味非常。我们没有筷子，也不用碗，有木头做成的像盘子似的容器，直接把肉倒在里面，想吃就用手拿。

在平时生活中，高山族和汉族之间关系还是比较密切的。一些高山族人甚至可以同一部分汉族同胞通婚，我姑姑就是嫁给了汉族。汉族同胞过春节时，高山族人会经常过去串门做客。轮到我们过节时，汉族同胞则最喜欢到高山族地区吃年糕。播种节这一天，早上的活动他们不来打扰，中午就来了。高山族热情好客，我们那里不论朋友与否，只要到家里来的汉人，都拿出年糕招待。我们吃年糕一般是蘸红糖，还有一个吃法是将炒熟的花生米或黄豆碾成粉，再放一点红糖或者白糖蘸年糕吃，特别香。

每当回忆起家乡的播种节，村子中间的河流、沿岸的泰雅村落、打年糕的“梆梆”声……当年的画面至今令我怀念不已。这几十年来，我共三次回台探亲，但都没能再过一次高山族的“年节”。

隆福寺庙会

———

翁偶虹

　　隆福寺庙会，是新中国成立前北京城里"五大庙会"（即隆福寺、护国寺、白塔寺、土地庙、花市）中规模最大而热闹的庙会，俗称东庙。东庙是相对护国寺而言，隆福寺在东城，故称东庙；护国寺在西城，故称西庙。隆福寺庙会的会期，是每月初九、初十、十九、二十、二十九、三十，后又增加两天，十一、十二。

　　隆福寺庙会，除庙内分三条摊路外，庙门前的神路街和神路街南口的东西两条大街，都有摊商，同属于隆福寺庙会的范围。

　　在马市大街的西街，路北的树荫之下，密匝匝地排列着禽鸟鸽鸡的摊商，算是一个专业区。神路街口东边的东大街，杂列着旧货摊，专卖逊清袍褂，顶翎、钿子、朝珠、扇套、鼻烟壶、折碗、手炉之类的小古董，也算是一个专业区。神路街直对隆福寺正门，是一条南北向的短街，在东西两侧交错的猪肉杠中，有一个雕漆盒子铺，还有一个较为宽敞的珍禽"鸟屋子"，屋前高搭木架，挂着些会说话的八哥、鹩哥、金背大红、五彩鹦鹉；另外按鸟分笼，排列着珍珠鸟、沉香鸟、相思鸟、芙蓉鸟；地下散放着孔雀、锦鸡、翻毛鸡、乌骨鸡；有时还有猿、虎、松鼠等专供豪门富户购买。开设这个鸟屋子的是一位女主人，她经常口衔长杆烟袋，悠然自得地坐在长板凳上等主候客。

穿过神路街，在隆福寺庙门两旁，又横贯一条大街，以隆福寺庙门为界，东边叫隆福寺东街，西边叫隆福寺西街。东街的南北两侧，鳞次栉比地摆满了丰台花农的花担、花车，按节令售卖应时鲜花；还夹杂着一个狗市，有三四个猫狗贩子，专卖哈巴狗和波斯猫。南北两侧的商业，以花厂子和旧书铺为主。花厂子专卖大型花木：香橼、佛手、蜡梅、桂花、牡丹、碧桃，应时均备。旧书铺则颇有名气，仅次于南城的琉璃厂，如：三槐堂、三友堂、文粹斋、同立堂、聚珍堂、文奎堂、带经堂、镜古堂、东来阁、文殿阁、宝绘斋、粹雅堂、文通阁、东雅堂、学古堂、文渊阁，都藏有许多外面不常见到的古籍，锦画牙签，琳琅满目。我最熟识的是宝绘斋，主人樊玉卿，精通小说、戏曲的版本。在他那里，我买过《梨园集成》《古柏堂传奇》《艳异编》《龙图公案》《欢喜冤家》《绿野仙踪》《野叟曝言》等书，版本既好，图像尤精。他有一句口头禅，自诩囤积小说的特点是"没图不要"，因而我送给他一个绰号，也叫"没图不要"。

西街比较清静，路北有座大茶馆，是劳动群众休息的场所，斜对过也有一个鸟屋子，规模较小，也卖些珍珠、芙蓉、玉鸟之类。主人擅制鸟笼，刮条圆细而漆必数层，北京城有名的好鸟笼子，多出其手。直到新中国成立以后，主人父子，仍营是业。

隆福寺庙内的会坫，共分三条街。中路由正门进去，顺着各层佛殿的遗址，有秩序地汇集着各行各业：临门的最前一层，是卖笸箩、簸箕、鸡毛掸子、笼屉、搓板等一类日用杂品。以后数层，沿殿阶高矮不等地排列着五花八门的卖艺场子，最有名的是"云里飞滑稽二黄""栗庆茂落地京戏""宝善林（即宝三）摔跤中幡""狗男女的全家乐""天下第一吹的笛儿张"以及"小戏莲花落""落地评书""蛤蟆双簧"等，每会必到。其间有些空隙，还夹杂着"拉大片""木箱子""西湖景"等民间杂艺；豆汁、猪头肉、豆腐脑儿、馄饨、梅花糕、棉花糖、炸灌肠、压饸饹、扒糕、茶汤、面茶等小吃应有尽有。最后一层，是算卦、看相、卖洋烟画、卖泥饽饽模子等小摊的大杂烩。庙的后门直通钱粮胡同，后门左右，仍有小贩麇集，夹着几个"叫街""擂砖"的职业乞丐。

　　隆福寺庙内西路的一条街，似有规则而又无规则地排列着各色货摊：由庙的西门进去，一进门便是一个大黏糕摊子，冬天有蒸笼里热气腾腾的豆豉糕，夏天有冰镇的凉糕、粽子，秋天有栗子糕，春天有鲜玫瑰花糖卤浇蘸的小枣黏糕、豆面糕。比邻是个卖龙睛鱼的鱼厂子。往北直行，有几个比较大的古玩摊，名为"古玩"，实多赝品，然而仿制精细，能使失眼力的购买者受骗而不自知。还有几个卖小金鱼的，玻璃瓶中，红鱼绿藻，价廉物美，很受劳动群众的喜爱。还有几个特别小而独标特色的摊贩：一个是卖毽子的，毽分三品，独翎毽子最贵；一个是卖胡琴码儿的，雕牙刻竹，精确细巧；一个是卖"棉花描"的，用棉花堆成猫、狗形象，贴在纸上，染色粘须，颇饶生趣；一个是卖"里画烟壶"的，在玻璃壶内，画出"三多""四喜""九秋""博古""五鬼闹判"，以及各色戏出，最精致的是谭鑫培的画像，像有三种：一个是谭鑫培的《定军山》黄忠，一个是谭鑫培的《空城计》诸葛亮，一个是老谭的便装像，身穿巴图鲁坎肩、头戴小帽，手托烟壶，栩栩如生，既精且肖。当时只卖四吊票一个，折合银圆，不到一角。过了烟壶摊，是一个"香面摊子"，高搭蓝布帐篷，篷内摆着一条长案，长案两旁堆积各种香料，长案中间摆着二三十张两寸见方的白纸小页，用镇尺压着，篷里有一横杆，悬挂着五颜六色形式不同的"香袋儿"。卖香面的摊商共有三人，一人站在中间，一手提着戥子，一手拿着小勺，从两侧陈列的香面瓶里舀取香面儿，分摊在小白纸页上，香面各具一色，红、黄、绿、黑、白，陪衬得体。一人站在左侧，高唱俚歌："一张小纸方又方，把它摆在正中央，南方用它做绸缎，北方用它做文章……加上一点金毛狗，再添一点儿真麝香，朱砂鲜红能通窍，薄荷碧绿喷鼻凉……"唱过一段后，站在中间的摊商，把戥子里摊好的香面用嘴一吹，香面随风扑散在围观的人群中，人们顿觉氤氲香气扑面而来，引诱得顾客争相购买。每包五个铜板，如装入香袋，另加袋钱。站在右侧的摊商，专门负责收钱递货。三人分工合作，井然有序。香面摊子，每年从农历五月初一起，到七月底止，应节摆设。其他节令则由几个小手工艺品的摊商分占这块地方。一个是卖泥塑兽型的，狮、虎、熊、豹、猿、猴、猫、狗、牛、马、猪、羊，各类动物俱全，分别以皮毛粘在各类动物身上，再喷上各类颜色，令人望之有茸茸之感。一个是用丝绳结扣，做出各种昆虫，如螳螂、天牛、蜻蜓、蝴蝶、蜈蚣、壁虎、蝎子等，小巧玲珑，形色俱有。一个是以蜡油做出鸭、鹅、龙睛鱼、青蛙等手工艺品，可浮放在水面上观赏。这些小手工艺品的摊子，面积不大，设无定所，夹杂而陈。另外还有二三个耍货摊子，专卖儿童玩具，如小鼓、小钹、小布人、布老虎、大头娃娃、脸谱面具，以及小型的刀、枪把子，竹马儿、寿星头、狮子头、大头和尚逗柳翠（即月明和尚斗柳翠）等。还有应时而设的鲜果摊子，5月卖杏，7月卖虎拉车、沙果、李子，8月卖鸭梨、白梨、苹果，冬月卖橘子、海棠、黑枣等，以"一堆"（堆读 zuī）为单位，每堆两吊、三吊钱不等。也有南方籍的小贩，售卖桂皮、松花、咸鸭蛋等，他们有的手提竹篮、有的肩担竹筐。卖桂皮的，以红纸镶金边的标签贴在桂皮上，用正楷写上"上等""极品"等字样。售咸鸭蛋的，则剖开一枚，露出金红色，油汪汪的蛋黄，以招徕顾客，使见其色即思其味。深秋红果上市，小贩将红果用麻绳串成串，斜挂肩上，手提果实厚大、果色殷红的红果，高声吆喝："好大串儿的山里红，卖呀！快买！还有两串了！"他们与卖"耗子药"的、卖"沙雁"玩具的、卖"小耗子赛活的"等小贩，往来兜售，喧闹聒耳。还有一个"百本张"是专卖京戏唱词的摊子，本子极薄，三四页一本，售价极低，两文钱即可买到一册，里面只有一段唱词，如《捉放曹》，仅有西皮慢板一段，就算一本，欲集全豹，必须买他十几本才能凑全。而剧词又多舛错，术语称为"粉红九吊六"（意思是既不够标准成色，又不够十足满钱）。戏词之外，兼卖八角鼓的岔曲、牌子曲和流行小调，这一部分，量虽少而质较佳。因为那时的社会，把京剧的地位看得比曲艺高出数筹，京剧戏词，一般都不愿轻易传人。"百本张"家有秘本，为了生意，只能吝啬地脔割经营。于此可见当年学戏之难，最起码的戏词与剧本，不经过拜师、访友的渠道，是一个字也得不到的。这也无怪"百本张"对于他出卖的戏词视如宝藏、涓滴而流了。但是"百本张"的戏词从不吸引着我，因为我幼年学戏，有我姨父梁惠亭和老师胡子钧的真传，戏词在我来说是得之极易的。真正吸引着我的却是庙内东路那条街上的四个有关戏曲艺术品的摊子。

走到东街，行不数武，便听到"当、当、当"有节奏地敲击铜茶盘子的声音。这是吸引我的第一关，它是一个长达两米的摊子，用干净的蓝布遮盖在摊面上，立排着几个玻璃匣子。匣内用小木条截为窄阁，每个阁内摆着两个或三个穿着戏装的剧中人物形象，组成各种戏出，文武昆乱，应有尽有，小木条上，贴着戏名。这种戏装人，是用胶泥做人头，纸浆做身胎，再用各色绢纸，扎捞戏装。但是，每个剧中人，都没有脚，靠、蟒、褶、帔以下，整整齐齐地粘牢一圈猪鬃，名为"鬃人儿"。把这种鬃人儿放在铜茶盘内，以棍击盘，利用铜盘的颤力，使盘内的鬃人儿团团乱转，鬃人儿的两只胳膊，又是用铁丝贯穿，可以上下左右地挥动，想象地看着，仿佛是舞台上的"活人大戏"。这种工艺品，老北京人习惯地叫作"铜茶盘子小戏出"，而真正原名却是"鬃人儿"。当然，鬃人儿之转动于盘，并不符合舞台演戏的规律，充其量只能算是儿童的玩具。而我之所以迷恋甚深者，主要是制作这些鬃人儿的巧匠王公很懂戏，他制作鬃人儿的穿戴扮相，以及脸谱、把子，都是具体而细致的，和舞台上的演出一样。我最喜欢那两人为一组的《龙虎斗》《湘江会》《金钱豹》《白良关》。赵匡胤黄靠双铜、呼延赞黑靠单鞭；吴起红脸白靠、无盐凤盔金刀；金钱豹豹脸钢叉、孙悟空猴衣桃脸；尉迟敬德苍满单鞭、尉迟宝林簪翎黑靠，真是无一处不生动，无一处不内行。那三人为一组的《三娘教子》——王春娥、老薛保、薛倚哥，《群英会》——周瑜、鲁肃、孔明，《失街亭》——马谡、王平、张郃，《取洛阳》马武、岑彭、邓禹，居然能选取恰如其分的场子，把三个鬃人儿组为一戏。也有大型角多的戏出，那是摆在最高一层的玻璃阁内，尺寸也较普通鬃人儿为大，普通鬃人儿二至三人为一组的，高只三寸左右，大型者则增高一倍，六寸有余。这些大型戏出，都是舞台上的大武戏，有《阳平关》——曹操站立山头，山下黄忠、赵云酣战徐晃、王平（此时尚未投降西蜀）、曹洪、许褚、张郃、杜袭、焦炳、慕容烈，多至11人。还有《八大锤》——岳飞山头观阵，山下陆文龙大战四锤将严正芳、何元庆、岳云、狄雷，另外又加上金邦四锤将，虽然不在同场，玩者也可随意布置。妙在盔靠脸谱无一不精，就是使用的八对锤，也能精致地做出"大四件"和"小四件"的传统形式，可以看出是"八卦紫金锤""梅花亮银锤""青铜六合锤""浑铁压油锤"（这是"大四件"的金、银、铜、铁四对锤）；"雷鼓瓮金锤""宝瓜錾银锤""八棱灌铜锤""生铁一字锤"（这是"小四件"的金、银、铜、铁四对锤）。这些大型戏出鬃人儿，售价很高，专供豪门贵族们消遣。一般人只能用两三吊钱买一出二人或三人为一组的小戏出而已。这个摊子的主人，是一位年逾四旬的王氏妇人，从我五岁记事时起，每逛东、西两庙，我总看到她顷刻不停地敲打铜盘，以招顾客。1966年以前，我在中国京剧院工作时，中国京剧院院址在北池子草垛胡同，我每天上班，经过南池子西街，看到一家临街的民房玻璃窗内，还摆着两个玻璃匣子，里面仍有几十年前我在庙会上看到的鬃人儿，楷模俱在，当时我已年近50，喜爱之心，重温旧梦，还想再买两出，以餍戏癖，只是工作太忙，无暇顾及。"鬃人儿"这种手工艺品能够做到忠于戏曲，可谓戏曲界的知音。

顺着鬃人儿摊子往北走几步路，有一个道士装束的老人，守着一个大摊子，恬静地坐在那里。摊子上陈列着他用新砖磨塑的亭、台、楼、阁、花墙、盆景。这位老人姓张，据说是"山子张"的同族，布置园林，家学渊源。出其余绪，制些砖玩，旨非牟利，聊作消遣。我每次逛隆福寺庙会，总要和老人谈些园林旧迹。

紧靠张老的砖玩摊子，就是我癖戏的第二关——影戏人。这个影戏人摊子，小得出奇，只有一张长不够一米的小木桌，桌前扎了个简单的架子，架子上分三层卡着些影戏人。最高一层的影戏人是驴皮做的，尺寸高及八寸，中间一层的是三层高丽纸做的，不及半尺，下面一层所陈列的是演皮影戏用的桌、椅、城、塔等道具以及皮影戏特有的"甲身走马"、虎豹"形儿"。这三层陈列品只是标志，他的货源却在桌子上的一个大蓝布包袱里，影戏人扁平而薄，可以夹在纸册子里。他那大蓝布包袱里，就有十几本大纸册子，分门别类地夹着"身""头""切末""车马""鸟兽""刀枪""桌椅"等，可以说，这么一个蓝布包袱就等于一份戏箱，不但是一份戏箱，台上的"演员"也韫椟其内。当初，有的大户人家办个生日满月的，也都喜好唱影戏。影戏和京剧并不一样，它有它们的特色和它们独有的节目和技术。

影戏摊子的主人姓旭，50岁左右年纪，留着短须。我十一二岁的时候，就特别喜爱耍影戏人，经常买他的影戏人，每次他都是习惯地打开包袱，把"人头"夹册翻开，任我挑选。影戏人的结构，是由"人头"和"身腔"灵活地组成的。"身腔"是靠、蟒、氅、褶的服装，顶端有个牢固的卡口，在卡口里可以临时改装各式各样的"人头"。"人头"是把剧中人物的面貌神情和头上戴的盔、巾、冠、帽一体雕成。女角色则分各种髻鬟辫发，按剧中人的身份，装饰上钗簪花朵。所以，耍影戏人的诀窍，只要备齐了各种"身腔"，便可以用不同的"人头"演变出许多不同的人物。因为身上的服装并非因人各异，最多有八蟒、八靠、红蓝官衣、氅、褶、帔、袄、箭袖拳衣、僧衣道氅，也就够了。用这些"身腔"，因剧而换"人头"，就能应付裕如，什么戏都可以演了。因此我每次来买，这位主人便主动地翻开"人头"夹册，他知道这是买影戏人的规律——已然具备了足够的"身腔"，多买些"人头"，就能多出角色。我一直买他的影戏人有三四年，到了我上台演戏的时候，便感到耍影戏人是演剧的雏形方式，味同嚼蜡，就把所有的影戏人都送给了比我年纪小的亲戚。但是，三四年的交易不算短了，所以这位主人和我很熟。

1939年，我在中华戏校担任戏曲改良委员会主任时，有一天，我和著名须生高庆奎先生去逛隆福寺，我特意把高庆奎先生介绍给这个摊子的主人，他特别兴奋地向高先生抱拳致敬说："原来是高老板！久仰久仰！今天有幸光临，我正想向您请教！"高先生谦逊地说："不敢，不敢。滦州影戏，我只看过，没有做过，我是十足的外行。"主人笑了，他一边打开那蓝布包袱，一边说："您要是外行，还哪里去拜内行？"说时，他把最底下的一个"人头"册子取出翻开，谨慎地送到高先生面前，恭敬地说声："请教。"我看那些"人头"，都是老生扮相，但觉神态不凡。高先生却特别兴奋地说："哎呀，真像！真像！"说着，他指着一个打扎巾的"人头"说："这是老谭（即谭鑫培）的《定军山》黄忠！"又指着一个戴王帽的"人头"说："这是大头（即汪桂芬）的《让成都》刘璋！"接着又捏起一个戴员外巾的"人头"对我说："这是我的老师老乡亲（即孙菊仙）的《朱砂痣》韩廷凤！"我还未答话，高先生又一个个地指出了："这是刘鸿升的《斩黄袍》，这是许荫棠的《取荥阳》，这是李顺亭的《凤鸣关》……"原来这些都是逼真肖像的京剧"人头"，我急忙问："有花脸的吗？"主人不答，笑容可掬地翻开了第二层册子，我才一注视，就惊呼起来，对高先生说："您看，这不是钱金福的夏侯渊？嗬！还有周仓、典韦、李佩！这是韩二刁的张郃！这是黄三的李逵、曹操、窦尔敦！这是金秀山的王振、姚期、尉迟恭！"这时，气氛非常沉静，主人和高先生只是频频颔首。我又翻看了第三层的旦角"人头"，第四层的末角"人头"，第五层的丑角"人头"，什么梅巧玲、杨小朵、路三宝、陈德霖、刘景然、刘春喜、王长林、赵仙舫、罗寿山、李敬山……真是铁网珊瑚，尽收眼底。我看得呆了，正回想以前我在这摊上买影戏人的时候，为什么没有看到过这个册子，这时高先生轻轻地扯了我一下衣襟，低声对我说："快买些个，这是好东西，难得的好东西。"一句话，把我从回忆与遐想中召唤回来，便急不可待地询问价钱，主人却微笑着说："怎么，您也懂得这些是戏台上的好老？"高先生接过话茬说："翁先生现在是编剧家了，他知道的不比我少！"主人凝视着我，似乎不相信地问道："您就是翁先生？"接着便郑重地说："这些本来是不卖的。我是因为当年照相很难，台上的好老留不下多少戏相，出于我的心愿，尽我所能，才在看戏的时候，把我钦佩的这些位名家，揣摩着台上的容貌、神气，记在心里，刻成头像，留为纪念。您还记得吧？您小时候来买影戏人，没见过这个册子吧？"我下意识地点了点头，亟待他说出价钱。高先生明白我的心理，便以揄扬的口吻说："您有手艺，可以再刻；让给我们，也是留作纪念，咱们都是知音同好！"主人豪爽地一笑，说："好，敬您二位几个！不过，不过，现在钱不值钱，工料贵了，普通的'人头'，已卖一毛一个，这样的活儿，应卖一元。今天遇到真行家、真知音，交个朋友！算您三毛钱一个吧。"我听他开价不大，高兴极了，就请高先生帮我挑选，生、旦、净、末、丑，凡是有名气的，人各一头，共买了 30 多个，一张 10 元的票子，付给了旭老。

我和高先生兴高采烈地辞别了旭老，向北走去，在拥挤的游人行列中，高先生用他那低哑的嗓音絮絮谈着："今天算来着了，您可大有收获！偌大的北京城，真是何地无才。想不到会有这么一位爱好京剧的高手艺人，把咱们的前辈名家雕刻下来，奇宝！奇宝！"我问："您看是否真像？"高先生说："若说不像，我怎能一看就认得出来？若说全像，可影戏人头部是偏脸，有几位的面部特征，从侧面是不好表现的。这就很难得了！难得的是：汪桂芬、孙菊仙、韩二刁、刘春喜、大李五这老几位，我都极少见过他们的戏相，得此刻印而传，弥补了永世之憾。您要好好保存，赶明儿我给您写上几句，说明这是由我鉴定过的，何虑见者置疑？"我们滔滔不绝地边说边走，高先生打了一个哈欠，这时，已到了东街尽头，东配殿的台阶上设有临时茶座，我请高先生进茗小憩，恰可欣赏我那癖戏的第三关。

东街尽头是一个小穿堂门，紧靠着穿堂门的台阶下，是一个卖糖果的摊子，挨着糖果摊子，就是至今闻名的"面人汤"汤子博的三弟汤子高（原名汤有益）的面人箱座。他的面人箱座，又恰好在东配殿临时茶座的前面，相距只有十几步。这就是我癖戏的第三关关主。

　　高先生喝了碗茶，吸了两支香烟，便问我："咱哥儿俩还看看什么？"我便指着汤三先生的面人箱座说："咱就看看这位捏面人儿的手艺。"高先生"哦"了一声，说："我曾在什刹海会贤堂前买过两匣面人儿，是否此公手艺？"我说："正是此公妙手。我和他很熟，是不是请来一会？"高先生笑道："您真成！江湖上到处交朋友。"我笑着回答说："就是为了癖戏。"说着我走下台阶，请汤三先生与高先生相见。汤三先生那时不过 30 岁左右，面有微麻，人们都叫他"麻子"。当时，"麻子"的面人手艺在他二哥汤子博之上，因为他制作精细、敷色艳丽、结构干净，深得侯门闺秀和五陵少年的喜爱，而售价则较高。汤三先生知道我给他介绍的是梨园名宿高庆奎先生，很客气地寒暄一阵之后，便匆忙地走到箱座的玻璃柜旁，取出一个小玻璃匣，里面是他新近捏好的一座"红粉骷髅"面人儿。形象是一个披着妃色浴衣的古装女子，玉立媚视，蛴蛴之项，凝脂之胸，玉削之足，颇有肉感；前侧有一具半欹半坐的骷髅，是以细铁丝为胎，上以晶白的江米面贴敷而成，头颅骨骼，无一不肖。这时，汤三先生自豪地说明他巧制这座精品的来由，是他从一张古画上，看到构图，模仿而为立体。我买面人，如同买荣宝斋的字画一样，喜买成品，向不点题定作，所以，汤三先生每有自诩的精品，必藏而待我。"红粉骷髅"之出而共赏，自然也是"醉翁之意不在酒"。于是，我就以六角钱的对称价值，收红粉而括骷髅。我请汤三先生吃了一盏茶，开始向高先生介绍他的成艺经过。其实，这都是汤三先生与他二哥汤子博亲口对我说的。

　　汤氏昆仲三位，我与大先生不太熟识，二先生汤子博，三先生汤子高，都是由于捏戏出而与我交上朋友的。大先生经常在东安市场的后花园内摆设常摊，不当场捏人献艺。三先生汤子高是在什刹海会贤堂前献艺而得名的。什刹海只有夏季五六月间两个月的生意，其他节令，子高先生都赶东、西两庙，正月初一至十五，则赶厂甸。二先生汤子博的营业季节和方式，与子高同。不过，他们两兄弟的面人箱座相隔很远，各自为政。子博为人洒脱，喜逛山水，有时兴至，不远百里背着箱子，南到马驹桥，东到通州，赶圩趁集。子高原名汤有益，子高是他的号。他为人拘谨，不苟言笑，后来落户在什刹海东侧北岸杨记酒楼之旁（即现在"烤肉季"的近邻）。那时，他可能是中年丧偶，常常看到有几个小孩，围在他身旁，喊渴叫饿，他一边献艺，一边照顾孩子。新中国成立以后，1952 年受聘赴东北，制作医用生理模型。1954 年，又应武汉之聘，传授面塑技艺。子博一直住在北京，得到国家的重视，提高了他的艺术地位。至今提起"面人汤"，似乎就指汤子博一人，把三先生子高和大先生都淡忘了。

汤氏兄弟的祖上，也是小康之家。到了他们弟兄一辈，念书识字，学过绘画，但他们都有一种跃跃欲试的雕塑愿望。少年时候，曾由磕"泥饽饽"的启发，试捏泥人，颇有成就。只是泥人必须入窑，才能保存，嫌它费事，进而研究捏面人儿。那时，北京捏面人儿的，叫作"捏江米人儿"，都是京八县的农民艺人，秋收之后，农闲入城，在街头巷尾，当场献艺。这种面人儿的形式，绝大部分是在一根秫秸秆上粘敷而成，最受人欢迎的是红脸绿甲的关老爷，头插雉尾的穆桂英（雉尾是用芦花条子代替的），以及悟空、八戒。还有两种垂挂式的，一种是用鸡蛋壳装作大肚皮，捏一个袒胸露怀、口衔长杆烟袋的彩旦或丑婆子；一种是用芦花制作蓑衣，捏一个头戴斗笠、手持钓竿、笑容可掬的老渔翁。这些都是畅销品，获利不薄。有时受蒸锅铺之请，为办丧事的人家捏一套"放焰口"用的 6 层、9 层以至 12 层的"望乡台戏出"，扮相开脸，也很在行。不过，这些面人儿，不论是扦插或垂挂，只要经过三天就干裂得缺胳膊短腿，遇到暑夏伏天，又要发酵霉腐，很不容易保存。汤氏弟兄有志于改造面人儿，他们先在材料上研究试验，经过几十次的反复，才得到诀窍。子博颇为保密地对我说过："也就是您，对别人我绝不泄露。我们的江米面，不是先用水和，而是在笼屉里干蒸，借用锅里的水汽，把面和好，非常坚硬，趁热用手搏揉，把面劲泄了，分加各种颜色，才可使用。捏出来的人儿，您摆去吧，保存十年、几十年，不会干裂霉腐。"他们把材料试制成功，又把面人的尺寸由五六寸缩小为一两寸，不用秫秆签插，也不用丝线垂挂，而是粘在一个小纸板上，配以适合尺寸的玻璃小匣，成为一个完整的工艺陈列品。他们先利用江米面的收敛性能，捏些罗汉、仙佛，因为这些造型，愈干愈瘦，愈瘦愈显清癯。而后试捏各种姿态的嬉戏儿童，进而捏制"朱砂判儿"，"周仓、关平、关羽"，"菩萨过海"，"东方朔偷桃"。这时，他们弟兄三位艺已大成，根据自己的个性，作品也呈现出各自不同的风格。大先生善捏"八仙人""天女散花""麻姑献寿""福禄寿三星"等吉祥富丽的人物；三先生子高，手里干净，技巧纯熟，敷色艳丽，善捏"聊斋""西厢""白蛇传"等故事中的人物，我曾把他的风格比作国画的工笔重彩；二先生子博，精通绘事，经常阅览画谱，取材高雅，敷色靓淡，善捏"踏雪寻梅""虎溪三笑""罗汉降龙""洛神凌波""西施浣纱""风尘三侠"等带景的佳话人物，他还能在核桃壳里，捏"十八罗汉朝如来""八仙过海斗法宝"，人景俱有，如鬼斧神工，我曾把他的风格比作国画的半工半写。但是，子博、子高二位都有一个共同特长，也就是吸引我入了迷的特长——都能捏制各色各样的戏曲人物。

　　我最初和汤氏弟兄不熟识的时候，我每演一剧，就请他们给我捏一个面人儿，留为纪念，先后捏过《连环套》的窦尔敦、《闹江州》的李鬼、《法门寺》的刘瑾、《长坂坡》的曹操，以及《穆柯寨》《辕门斩子》的焦赞，《失街亭》的马谡、《群英会》的黄盖等数十个，工价很低，捏一个只需 1 角钱，配个小玻璃匣，再加一角，两角钱便可保存一个纪念品。但是，他们二位毕竟不是唱花脸的演员，捏出的面人，服装脸谱，虽不离格，而姿态神情，总不惬意。有一次，我在什刹海捏了一个《丁甲山》的李逵，顺便到我的老师胡子钧先生家中串门，胡先生看了面人，立刻指出"膀子不圆""脚步不对"，一边批评，一边摆弄。面人儿究竟是面做的，怎能尽遂人意，三摆两弄，便掉了"胳膊"、落了"靴子"。胡先生似乎过意不去，便邀我去访面人汤。胡先生当场摆了个架势，请子博照势捏制，由胡先生花钱，又给我捏了一个李逵。果然，这个李逵，姿态一新，膀子脚步，身手眼神，颇具舞台演出之致。经过这一番实地示范，我与子博就逐渐熟识了，以后请他们弟兄再捏戏出，都是我先摆出身段，他们照此制作。在我们合作的场合里，招致了许多游人聚而围观，窃窃私议，我听到过这样的评语："瞧这个戏迷！"

我不但请子博、子高捏制我演出过的剧中人物，还给他们出谋划策，捏制其他戏出。我设计的构图，大都是他们意想不到的。例如捏《战宛城》，我要他们捏校场上张绣穿青素、罗韦扎硬靠，骄将睨降的那一刹那；捏《落马湖》，则捏李佩与何路通水战时掏翎子，踏水步的那一刹那；捏《法门寺》，则捏贾贵高举公文、刘瑾背袖而视的那一刹那；捏《闹天宫》，则捏美猴王扎硬靠、教授小猴扯弓试射的那一刹那。也许我的拙见，贤者所见略同，他们照我的设计捏制了，懂戏的顾客便争先购买而去，从此，我的建议，他们无不采纳。这也和那时编剧一样，只要你编的第一本戏能卖几个满堂，以后不论你再编什么剧本，演员都乐于接受而迅速排出。旧社会里，艺术形成的规律，似乎必须有这样一个微妙的过程。所以，子博有一件耿耿不忘于怀的事，屡次向我致谢。那是在一个暮春季节里，东、西两庙不见其踪迹者有两月之久，后来见到了，他抱拳致谢地说："亏您给我示范捏活儿，使我得着一个窍门，发了个利市！两月之前，从上海来了一位昆曲名票徐凌云，专谈昆曲的副、丑。他约我到他住的旅馆里，给他捏了几十出昆戏，什么'拐儿''写状''问路''乐驿''借靴''惊丑'，等等；未捏之先，我就按着您的方法请他先说明穿戴扮相，示范做个身段，我琢磨他的神气，细心地捏出来，他很满意。工价不小，一出戏要他一元现大洋。不然，凭我这个不懂昆曲的人，摸黑儿地去捏，哪能满足这位主顾的要求，钱也不会挣到手了！"事隔数年，我到上海，与徐凌云谈及此事，果如子博之言。

这天，汤子高见到高庆奎先生和我，他直爽地提出一个要求：请高老板给他摆一下《战长沙》的身段。他久仰高老板在《战长沙》这出戏里能演关羽又能演黄忠。高先生很有兴致地应其所请，就在茶座前面空地上，做了个关羽拖刀的身段，非常有神。但是，此时剧中的黄忠是翻"抢背"落地单腿跪像，子高颇感棘手，只好请高先生改个姿势。高先生和我摆了个"会阵"的亮相，高先生来关羽，横刀肃立，我来黄忠，推髯微睨。子高看了忙说："谢谢高老板，您先喝碗茶！"说着，他连忙回到面人箱后，戴上眼镜，摆弄起来，没有两杯茶的工夫，他兴冲冲地托着一个小玻璃匣子，恭敬地送到高先生面前，说："您看，还过得去吗？不成敬意，奉送高老板！"高先生非常敬佩子高这既敏且肖的艺术天才，爱不释手。我便替高先生致谢："却之不恭，手工领情了，玻璃匣价，当然照付。"说着我拿出一张五角毛票，塞在他的手中。子高明知玻璃匣只有一角的代价，这五角钱中，已包括手工的酬金了。我怕他客气，忙说："都是交朋友，以后还要常麻烦您。"子高倒不好意思起来，道了谢，喝了碗茶，再定后约而去。

高先生边走边举着那匣《战长沙》，目不转睛地欣赏着，颇有感慨地说:"今天这个东庙逛得好,您得到梨园先贤的皮影肖像,我得到我生平最惬意的一出《战长沙》,咱哥儿俩都有戏缘!"我笑着说:"您往前走,还有个摊儿,也会吸引您的。"高先生似乎有些疲乏了,忙问:"远不远?"我用手向北一指,说,"进了前面的穿堂门就是。"这就是我癖戏的最后一关了。

我俩走进穿堂门,只见东边墙上,张着一块两丈多长的蓝布,上面挂满了各色各样的托偶戏人。高先生"哦"了一声说:"原来是大台宫戏——托偶人(即杖头木偶)!"他似乎精神焕发,停步而观。

回忆我五六岁时,祖母带我逛东庙,就在这里看到过满壁琳琅的托偶人。主人那时还在壮年,现在已然留须,他是采育人,姓王。他的木偶,货高价昂,问津者少。他所制作的托偶人分为三种:最上面一层的,人高二尺,用几十层高丽纸,范模做人头,不怕磕碰,头上的盔头,堆金立粉,尽量仿真,绒球都是具体而微的小绒球,珠饰也是具体而微的料货,就是翎子狐尾,也都是真尾真翎;服装是印彩的软缎,髯口是能摘能挂的口面。我最羡慕那出《二进宫》的李艳妃、徐延昭、杨波,还有《连环套》的窦尔敦、黄天霸、朱光祖,只是价钱太贵,每个大洋三元,一戏三人,须付九元代价。中间一层的,人约一尺,胶泥为头,洋布为衣,形虽简而规范依然,穿戴扮相,丝毫不舛,要价略低,每个大洋一元,一出戏也需要二三元。最下面一层的,是一般视为儿童玩具的"王小打老虎""老头儿卖豆腐""猪八戒背媳妇"之类,每套5角,销路最畅,我童年时候,就得到过祖母赏赐的一套"王小打老虎",12岁时,我把每天的点心钱攒下来,攒够了2元大洋,买过一出中型的《龙虎斗》。至于大型的托偶人,则梦寐思之,迄未如愿。

高先生看到这满壁的托偶人,注意力只集中于第一层上,边看边称赞这些戏曲艺术品制作既精,规范又准。主人王老虽然不认识高先生,但他已觉察到这是位内行先生，忙赔笑说："老板，照顾照顾，年月不对了，没人懂了！两天还没开张呢！"高先生向我递了个眼色，意思是不叫我再花钱买这些玩意儿了。我已察其意，可是我还在和王老搭讪着进行交易："不是不照顾您，价钱太贵了，三块大洋买一个，比一袋白面还贵啊！"王老苦笑一声，又叹了一口气："咳！说贵也不算贵，从前卖三块钱一个，现在的钱不值钱了，还是卖三块钱，无形中就落了价儿了。我看您二位，不是玩者，是行家，咱们交个朋友，两块五一个，您拿一出去！"这个开价，出乎我的意料之外，因为我从小就逛庙会，知道他这个托偶摊向来是言不二价的，今天居然打了折扣，更促动我问鼎之心。高先生看穿了我的心理，便说："要买，就买这出《连环套》，窦尔敦是金秀山的脸谱，天霸像老俞（俞菊笙），朱光祖像王先生（王长林）。"摊主王老由苦笑而换为爽笑说："我的眼力不差，您二位真是行家，我摆弄这出戏，就是揣摩那三位好老做的。"他们二位的对话，更促动我占有之欲，便掏出 8 元钱付给王老；但仍馋心未已，又对高先生说："您瞧这出《二进宫》是不是——"高先生笑着打断我的话，摇了摇头，催我快走。王老托着八块钱，由爽笑又变为僵笑："不用找钱了，您带一份王小打老虎，给小孩玩吧！"我笑着说："不用，不用。"王老说："您的少爷也快会玩了，这么办，再饶您一份'猪八戒背媳妇'！"说着用纸把这三套价格悬殊的托偶，一一包好，8 块钱装进他的衣袋里。我和高先生走过穿堂门，又在塔院略一流连，听了一段"单弦拉戏"，便出了隆福寺后门，拐出东口，我请高先生在一家"爆肚儿"馆里喝酒吃爆肚儿，又买了几个烧饼，同进了一次不成晚餐的晚餐。

酒兴之余，我还是耿耿不忘那出托偶人的《二进宫》。我问高先生："那出《二进宫》的徐延昭，是不是像袭桂仙？李艳妃像不像陈德霖？杨波像不像您的师兄凤二爷（即王凤卿）?"高先生郑重其事地点了点头答道："正是如此！"我惊叹一声，顿有失之交臂之感。高先生明白我的心思，却又郑重地说："偶虹，咱哥儿俩虽然相交只有一年多，从丁永利那里说起，都不是外人，我也从不按外人待你。我说句老实话，你每月在戏校挣多少薪水？"我说："70元。"高先生点了点头，呷了一口酒，又说："挣的虽然不算少，可经不住你这样花呀，今天逛个隆福寺，你就花了20块，你可要量入为出啊！我当年嗓子没坏的时候，馆子里的戏份儿是100块大洋，我能在一天一夜里唱三出《探母回令》，馆子里拿100块的戏份儿，堂会是150块一场，一天要进400元。可是现在我……"我忙安慰他说："千金散尽还复来。您的豪举，内外行是有目共睹，有耳共闻的。"高先生长叹一声："还是那句戏词说得好：长将有日思无日，莫待无时盼有时。你应以我为鉴，节俭为是。"我肃然起敬地感谢高先生训诲之高谊，又怕谈起斗方套语，扰了一天的清兴，便用偏锋解颐，给高先生满上一杯酒说："您放心，我会量入为出的。昨天我进了一笔稿费，《剧学月刊》上发表了我那谈脸谱的文章，稿酬大洋80元，我即以20块买了一部《曲海总目提要》，下余60元，足够我们逛三次隆福寺的了。"高先生笑了笑说："好！好！"把酒一饮而尽，我趁他的酒兴，把那两套"王小打老虎"和"猪八戒背媳妇"的托偶人，送给他最小的儿子小老儿。

旧时"天桥"什么样

张宝堃

天桥是我幼时最喜欢的地方。20 世纪 50 年代初,爸爸带着从天津来的舅舅逛天桥,顺便带上了我。印象里好玩的真多,令我眼花缭乱:有在大棚摔跤的,有拿小瓷碗变魔术的,有拉弓耍大刀的,还有碗口粗的"蟒蛇"身上"长"了个女人头……至今记忆犹新。

天桥有很多文艺单位:群声梆子剧团、宣武杂技团、宣武评剧团、皮影剧团、中国歌剧舞剧院、芭蕾舞学校,还有天桥剧场。附近的低矮平房里住着不少演员,我从他们那里才真正了解了天桥。中华电影院后身住着一户人家,老大爷朱国良是耍大刀的,还有一手绝活儿远近闻名——一人能用手、脚和脖子同时拉开五张弓;女儿朱丽英擅长柔术,绝活儿是"顶碗叼花";女婿于彬出自杂技世家,绝活儿是"空中定车"。我常去朱大爷家,听他讲了很多天桥的故事。

朱大爷说,天桥原来是有一座小桥,就在永安路东口往北的地方。小桥南北走向,河沟从西向东南,直奔金鱼池。老北京人都知道天桥,并不是因为人们常说的皇上去天坛祭天、先农坛祭农必走这座小桥,而

是因为有老百姓必需的和生活密切相关的天桥市场。当然这也是逐步形成的。那会儿天桥可大啦：市场北边到红绿灯，红绿灯东侧是天坛路，西侧是永安路；市场南边到天桥商场，南侧往东走是天坛西门，西侧是南纬路的东方红汽车制造厂；市场东边到坛墙，地儿不大，只有北侧公平市场一到五条；只有市场西边的地儿大，有三条长街——福长街、禄长街和寿长街，从前门大街往南，天桥南大街南北一条线的东侧和西侧都是天桥市场，胡同多极了。

在元朝和明朝年间，天桥这地界儿是河沟纵横，港汊交错，还真有点江南水乡的韵味。这里风景宜人，是当时游览的好地方。游人越来越多，给服务行业带来了商机，酒楼、茶馆、饭店、饮食摊点、百货地摊儿蜂拥而至，随之而来说书的、卖艺的、唱曲的、打拳的、拉洋片的、变戏法的，各种娱乐场子应运而生，这才有了天桥市场的雏形。

到了清朝康熙年间，灯市口的灯市也迁到了前门外大街，带动了距离前门不远的天桥灯市，每年元灯节（元宵节）游人倍增，热闹异常。清末宣统年间，皇帝要祭天，下诏令拆除天桥以南马路两侧的商户、摊位、棚台、住户，把他们统统赶到金鱼池一带，天桥市场一度萧条。到了民国初年，曾在天桥市场经营过的商户又陆续迁回，当时正赶上和平

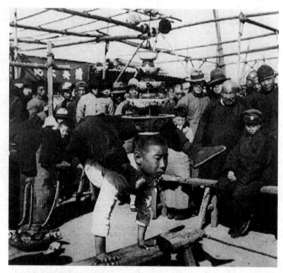

天桥艺人表演绝活儿"顶碗"

门外修马路，每年一度的厂甸庙会暂时移到天桥路口西边的香厂一带，又和天桥市场连成一片，天桥市场更加红火起来。

1917—1918 年，天桥市场仿照上海"大世界"，把戏剧、曲艺、杂耍等各种艺术表演和酒馆、茶楼、小吃摊结合起来，吃喝玩乐样样俱全，也起名为"新世界游乐场"；还在此创立了城南游艺园。这里不仅有热热闹闹的公平市场，还有穷苦百姓买卖旧物的"铺陈市"（百姓亲切地称它为"穷汉市"），从此穷人也有了自己的娱乐场所。

从这时起，天桥已不只是观看风景为主的游览区，而变成了以文娱为主体、饮食与其他行业为辅助，真正有自己特色的市场区。文娱方面丰富多彩，有国剧京戏、河北梆子、评戏、木偶戏、皮影戏，还有评书、相声、大鼓、单弦、数来宝、北京快板书；杂耍有耍中幡、硬气功、吞宝剑、上刀山、打弹弓、抖空竹、耍石锁，还有车技、钻刀、火圈、铁球、武术、举刀、马戏、舞叉、爬竿、魔术、拉弓、空中秋千、大型古典戏法等。

天桥上的买卖人

　　天桥从游览区发展到市场区后，最有名的是三拨有超群技艺、身怀绝活的 "八大怪"。第一拨是言行怪异、相貌奇特的清末 "八大怪"：说单口相声的 "穷不怕" 和 "韩麻子"、口技演员 "醋溺膏"、练杠子的 "田瘸子"、敲着瓦盆唱曲儿的 "盆秃子"、演化装相声的 "丑孙子"、用鼻子吹管的 "鼻嗡子"、用手掌击石的 "常傻子"；第二拨是民国初年的 "八大怪"：让蛤蟆教书的老头、表演滑稽双簧的老 "云里飞"、化装成花狗熊的夫妻、练铁锤的志真和尚、用三根手指断开石头的 "傻王"、会让狗熊顶碗的 "程傻子"、练杠子的 "赵瘸子"；第三拨是出现在 20 世纪三四十年代的 "八大怪"：表演滑稽双簧的 "云里飞"（老 "云里飞" 的长子），著名相声演员焦德海（"穷不怕" 的徒弟），拉洋片、外号叫 "大金牙" 的焦金池，敢于訾骂时弊、推销自制 "药糖" 的 "大兵黄"，远近闻名的摔跤手 "沈三"，把驴的动作表演得惟妙惟肖而著称于市的"赛活驴",没有什么本事又不爱说话的"拐子顶砖",还有兜售自制去油肥皂、绰号叫"蹭油的"的怪才。这24位在天桥不可或缺的人物,给广大百姓留下了不可磨灭的深刻印象,这才是天桥的魅力所在。

在天桥,不但玩的特别,吃的更绝,让人吃一回想千遍,吃不上不回家,一说都馋得流口水。天桥市场的小吃有"豆腐脑白"的豆腐脑、"永利居"的肉皮酱、"炒肝金"的炒肝、"烛肠陈"的卤煮小肠、"爆肚石"的爆肚、"豆汁薛"的豆汁、"面茶张"的面茶、"羊霜肠魏"的羊霜肠、"李记"的蒸了炸、"炸豆腐杜"的炸豆腐和烧饼。现在能在四六九城找到的小吃,当时在天桥市场应有尽有:凉粉、扒糕、油茶、灌肠、锅贴、饸饹、馄饨、油条、焦圈、熏鸡、驴打滚儿、炸糖糕、酱驴肉、烧羊肉、豌豆黄、炖杂碎、猪头肉、炖吊子、京米粥、卤煮丸子、缸炉烧饼、京东肉饼、羊肉杂面、小米绿豆粥等110多种,让游人应接不暇,流连忘返。

玩好、吃够以后,还有很多花钱消费的地方。这里商品齐全,种类繁多,为穷人着想,旧货比新货还多:服装、鞋帽、被褥、锅碗瓢盆、废铜烂铁、文物古玩,还有卖旧鞋、旧轮胎、碎布头和老旧书的。这里有适合穷人去的旧家具店、估衣行、镶牙馆,也有药店、药摊,还有剃头的、相面的、算卦的、拔牙的,等等。现在北京各个医院口腔镶复科的大夫,很多来源于天桥的牙科大夫及其亲属后代。尤其位于煤市街的大栅栏居民医院,其口腔科人员的80%都来源于天桥。

现在,天桥市场的风貌虽与过去大为不同,但那些老北京的饮食、曲艺、民俗文化都以不同形式传承了下来,长长久久地陪伴在我们的身边。

漫话天桥

胡瑞峰

　　北京这座文化名城，以她绚丽多姿的帝京景物吸引着无数的中外游客。琉璃厂的书肆，厂甸的风貌，什刹海的灯影，来今雨轩的茶棚……都能引起人许多的遐想。但作为老北京，有几人未曾逛过天桥？天桥，在北京人的心目中占有特殊的地位。因为，天桥过去曾是广大劳动人民的一个主要娱乐场所。本刊选登的这篇文章，大体上勾画出了天桥的历史风貌。过去的天桥，鱼龙混杂，卖艺说书，算命打卦，摊贩行商，小偷骗子，恶霸强梁，各种各样的人物都在这里登台，宛若一个光怪陆离的万花筒。通过这篇文章，读者可以从中更多地了解一些北京的历史。

　　在北京正阳门大街与南永定门内大街的相接处，原来有一座桥，这座桥是明、清两代皇帝到天坛祭祀时的必经之路，故取名为天桥。桥为南北走向，以汉白玉砌成，两旁有石雕栏杆，桥身很高，南北两端隔桥不能相望。光绪年间修前门至永定门马路时，将河道填平，桥身也被修平，但石栏杆仍在。民国初年，因展宽马路，又将石栏杆拆除，天桥遂不复存在。但天桥作为地名，却一直沿用到今天。

早期的天桥

明初永乐年间，桥的两旁地带有穷汉市、日昃市，这是天桥有市的起源。桥南一带过去都是河塘，塘东有条水渠直通三里河，这条水渠就是后来的龙须沟。塘边建有亭台，塘内备有画舫供人乘坐游览，是当时城南夏季游览的地方。清代初期，池塘无人过问，两坛（天坛、先农坛）附近禁止人民建房，人烟稀少。在乾隆年间，桥的附近只有几家卖碗酒的酒铺、饺子馆、小吃摊等。后来逐渐增开了不少酒楼茶馆，于是天桥又成为一般文人游宴的地方。道光、咸丰年间，两坛坛根一带，出现了流动性的小摊。因为此地不花地租，于是，货摊逐渐增加，并开始出售各种日用杂货，形成了小型市场。

天桥早年的市场，东西两部各不相同：东边的都是摊贩，西边则为各种卖艺的人。在这北边有个著名的茶馆，店名福海居，又名王八茶馆，坐东向西，正房上有楼，楼檐悬有福字横匾一块。南间为茶馆，日夜有人说书。著名的说书人蒋坪芳说的评书《水浒》、德聚明说的《安良传》，吸引了不少听众。附近有五斗居、劈柴陈等茶馆。辛亥革命以后，政府实行开放香厂的计划，把琉璃厂的厂甸集会移在香厂，设立了临时商场，招商赁设货摊茶棚，一时商贩纷纷在此搭棚设摊。著名艺人俞振飞承租西部旷地，开设较大规模的振华戏棚。接着，在东部又有人开了演蹦蹦戏的大棚（即评剧），戏棚开演不久，曾被火烧毁。班主见此地有发展前途，遂又移至天桥南头东边，重建正式房院，由临时性的变为长久性的演唱京戏的戏院。由于生意很好，相继成立了歌舞台、燕舞台、乐舞台等戏院，一时天桥气象为之一新。

当年北洋政府修筑北京全城有轨电车路时，拆毁了正阳门的瓮城

（即月墙），把环绕月墙的东西荷包巷附近的商铺、房屋以及公私民房共计60余所，全部作价收购，商民一律拆让迁移。这些商民为了另行营业，集资组成股东会，利用拆下的木料，加添新料，在天桥西边空地上，建起了七条街巷（即今天天桥市场东街及东街各巷、天桥北街、天桥西街等地一带）。北部几条街分别开设了诸如钟表、洋货、靴鞋帽子、算命、相面、镶牙、照相等商店或摊点；南部几条街开的则是饭馆、茶楼、酒肆等。后来，又在七条街附近增建了新的戏园、落子馆等，至此天桥市场逐步形成。

1916年，北京外五区警察署长高尔禄倡议，并请得政府同意，把先农坛坛墙拆去，在原坛墙外利用低洼地带设建水心亭，周围开掘河渠，引水通渠，渠内种植荷花菱茨，设置游船供人乘游。在亭围内招商搭盖棚屋，开设娱乐场。当时著名的店铺有外天外绿香园、环翠轩清唱茶社、藕香榭落子馆、厚德福饭馆等。河边修有堤岸，供游人散步。亭围有南、西两门，各跨有木桥一座，游人购票入场。两年后水心亭歇业，先农坛附近成了城南的游艺园（在今永安路、东经路拐角处，现为友谊医院）。

以上所说都是天桥以西，即原一、二路有轨电车站以西。电车站以东天桥东一巷附近一带，则为卖旧物品的地方，其中有两条街完全是旧货摊，其余都是估衣铺。

天桥市场没有明确的界线。大体上说，从珠市口往南、香厂往东、金鱼池以西，南至两坛以北，都算是天桥市场范围。据1930年2月《北平日报》的报道，整个天桥市场占地24亩，有各行各业的店铺和摊贩773户，其中领有正式牌照的334户，临时设摊439户。当时的店铺主要有：膏药铺、饭馆、茶馆、酒馆、戏馆、落子馆、杂货铺、箱子铺、钟表铺、镶牙馆、命相馆、照相馆、镜框铺、军衣庄、估衣铺等；

摊贩则有：杂货摊、旧货摊、鞋摊、小吃摊（包括豆汁、油条、炸糕、灌肠、爆肚、切糕、扒糕、炸丸子、炸鸡蛋角、卤煮肉、豆腐脑等）、旧书摊、画摊、卦摊、相面摊、布摊、洋货摊（包括洋袜、毛巾、衬衫、绒线、绦带、化妆品）等。此外，游艺场有掼跤场、卖艺场、变戏法场。

店铺和摊贩所经营货物的品种绝不少于城内的东安市场，但在质量上，不管是吃的还是用的，都是粗劣次品甚或赝品。

那时到天桥来的人，很少有文人学者绅士之流，大多是一般的劳动人民。因为在这里花钱不多，便可以听听玩意儿，看看杂耍，忘却一天的疲劳或者精神上的苦闷。

天桥人最多的时候是每天过午以后，卖艺的、卖货的摊子都开始搭起来。到夕阳西下的时候，暴土不像午间那样飞扬，气温也不像午间那样燥热，正是天桥最热闹的时间。从前的北京，到处尘土飞扬，谚谓：无风三尺土，有雨一街泥。天桥的大街小巷全是土路，游人接踵而来，尘土飞扬，加之人身上的臭汗、脏水坑被日光蒸发出的臭味，随着尘土送到游人的鼻孔。但是到这里来的游人，似乎没有什么感觉，仍是坐在那里吃啊、看啊，尽情地玩乐。

天桥的主要店铺和摊主

在天桥的商贩中，估衣铺家数最多，主要分布在两个地方：一是西沟东段路南（今永安路东段路南，天桥市场东街、北街一带），一是原电车总站以东（今天桥东市场东街、中街一带）。这两处也有区别，西沟一带，多搭有蓝色或白色的布棚，虽然他们也有铺房，但卖货时总是在布棚里。而电车总站路东的估衣铺，则都是有门面的。他们所售衣服，单夹皮棉都有。估衣铺的货源有三条：一是来自当铺的"死号"。

当在当铺里的衣物，如果到期不赎，即由当铺处理，谓之"死号"。当年北京当铺很多，每月都有大批"死号"的衣服，定期公开拍卖，各估衣铺的人都聚集在当商那里。当商当众出示要出售的衣服数量和货色，由各估衣铺自行出价，暗里写在估价单上，交给当商，然后当众揭晓，哪家出价最高，哪家便算买到了这些衣服。

二是来自打小鼓的。当时北京打小鼓的，大街小巷随处可见。这种行业分两类：一类叫打软鼓的，肩挑两个筐，本钱较少，专收旧衣旧物，卖给他们东西的人，多半是贫苦的劳动人民，衣物比较破旧；另一类是打硬鼓的，他们衣着整齐，本钱较大，专收比较贵重的衣服以及古玩、书籍、字画、家具等。这些人口齿伶俐，眼光敏锐，看到好货决不轻易放手。卖给他们东西的人，多半是没落的官僚、贵族、地主人家，或是平时无以为业、专靠变卖先辈遗留旧物度日的人。打鼓的以很低的价钱从他们手中买来，拣出比较好的，自己稍加修整，又转售给估衣铺。

三是来自成衣铺。成衣铺为人做衣服，常有大小不合适或做坏了的，这时成衣铺照例要负责另做一件好的给顾客。于是，那些做坏的便辗转送到了估衣铺。因此，在估衣铺里也可买到新衣服，只是式样或手艺差些罢了。

估衣的销路，在本地主要是卖给中产阶级以下的穷知识分子和劳动贫民。知识分子讲究体面，但钱又不多，便到天桥估衣铺买件半旧衣服，稍加修理，便可应付一时。"九一八"事变后，东北流亡学生生活困难，每到换季时节，便到天桥去解决。估衣铺还有旧西服。有些失业的人，为了活动个差事，需穿得体面些，也常到天桥估衣铺去找，花钱不多，也可救一时之急。至于贫困的劳动人民，经常是冬季一过，就变卖棉衣，换买单衣；而到秋季，又把单衣卖掉，添几个钱再买棉衣，这在当年的北京（时称北平）是很平常的事。另一个销路，就是成批外销。天桥的估衣，其质量一般较外地为高，因此平汉、津浦、平绥（即今京包线东段）、平沈沿线各大城镇的估衣商，都到天桥估衣铺来成批贩运转售，这是估衣铺的大主顾。其中平绥、平沈沿线贩运的多以棉皮衣服为主。

到天桥买旧衣服，也不是凭钱即可买到合适的货的。"漫天要价，就地还钱"，有时也不免会上当受骗。当年有所谓"老虎摊"。这些摊商凶恶无比，势如老虎，故名之曰"老虎摊"。他们最初由一人拿出资本，在天桥租下一块地方，立起门面，起个字号，从批发行里买些旧衣物，开始营业，按行话叫"坐庄"。出资的铺长找来一些铺伙（行话叫"助笔"）。铺伙不支工资，收入不固定。铺长贩来货物，标上暗码。例如一件皮袄，暗码标洋 20 元。铺伙兜揽叫卖时，可以卖到 30 元或 40 元。铺长只收 20 元，余下的钱由铺伙均分。这些铺伙都是常住天桥的狡猾凶狠之徒，能说会道，口齿伶俐，无论买主怎样挑剔货物，他都有词回答。假如与买主一言不合，闹翻了，张口就骂，举手就打。他们卖货时，手里拿着一个布掸子，柄长一尺多，这便是他们的武器。被打骂的买主，自然不饶，这时他们的同类便从旁装好人，向买主百般央求，能了结就了结。事情如果闹大了，便到区署打官司。由于当时警察署的警察都和他们有勾结，送到那里最多也不过拘留一二天就会了事。1934年，我的一个同学是张家口人，他父亲到北平来看他。秋天来时，未带皮衣，冬天要回去，便到天桥花 70 元买了一件皮大衣。初看还很像样，但拿回仔细一检查，背部、袖里的皮子，都是用碎皮拼的。回去找，不但不给换，反遭一顿骂，把老人气得不得了。原来他去买衣服的地方就是"老虎摊"。

在天桥，卖药的店摊很多，医治各种病的都有。卖药的一般没有铺房，只有一块固定场地，早来晚去，他人不得占据。这些卖药的巧舌如簧，能把他卖的药说得包治百病，奇效如神，其实多数都是骗钱的。下面介绍一下当年较有名气的几个卖药摊主：

虫子王：他的铺子设在天桥西街。门前摊上放满装有用酒精泡的死虫子，墙上挂着大幅白布，上面画着患有虫病的人像，有的大腹便便，有的容颜憔悴。人旁画有大小虫子，有的是排泄出来的，有的是口吐出来的。本人姓王，于是有虫子王之称。行人走过，他就向人讲说，人的肚子里如有虫子，轻则呕吐，重则面黄肌瘦，有害健康。他卖的打虫药，专治各种虫病。

癣药刘：姓刘名嘉治。他本有店铺设在天桥先农市场，为了招揽生意，在外设有药摊，悬着白布大横幅，上写癣药刘字样。摊上摆着患有癣秃疮的各种模型，并印有传单，上印刘的相片及警方所发准许制售药品的执照。他的店铺门前也有铺伙做口头宣传，说什么用药无效，保管退钱。据说他的药还有一定疗效。

黑驴立止牙痛药的：摊主是一个中年人，每天在他场地上的一条长板凳上坐着，从不大喊大叫，卖弄口舌。他面前站着一条小黑驴，驴背上搭着一个钱褡子，上面写着"黑驴为记"四个大字。驴身上还驮着一个铜盘，盘里摆着几颗变黄的牙齿和一些玻璃药瓶，瓶里就是他卖的立止牙痛散。人们一看，就知道他是卖治牙痛药的。买药的人服用以后，不待几分钟，牙痛立止。因此这药又叫哭来笑去散。实际他卖的药，都是强刺激性的止痛剂，牙痛虽可当时止住，但并不能根治。

治瘊子的杨玉泉：此人专卖假药，所卖之药，吃不死人，治不好病，是用山楂干、馒头皮等配制的。自己吹嘘专治瘊子、七伤，以及妇女赤白带下、月经不调等。贫苦的劳动人民得了病后，无钱求医，遇此机会也要尝试一下，结果，他的药也就卖成了。

卖花柳病药的：旧社会妓院、暗娼到处都有，患花柳病的人很多。这些人收入不多，受病痛的折磨，急于求医。天桥卖野药的抓住这种心理，贩卖各种治花柳病的药。在先农市场卖这类药的摊铺则更多。每个铺子的门前都站着两三个人，他们是这家铺子的主人或伙计，大说大讲，你叫我应，相互对答，宣传自家的药专治淋症、白浊、鱼口便毒、兼治妇女赤白带下、月经不调，等等。有的摊子上还摆着干瘪了的黑毛兽蹄子，说成是熊掌，并吹嘘药里就有这种原料，专治梅毒。有的门前摆有一铁笼子的蛇、蟒，主人手里还玩弄着一条大蟒，也将其说成是治花柳病的药材。围观的人惊奇地看着、听着。主人发现有人似想买药，便进一步单独劝说，甚至减价销售，直到把药卖掉。

卖膏药的：天桥卖膏药的都有一套武功，如弹弓张、金刀马等。卖药之前，在场内先来一套武艺，有的练刀枪，有的练把式，等到游人聚集之后，才开始说事，讲他的膏药是家传秘方，选料如何精、制法如何细、效果如何灵，等等。接着便从场外拉进几个人进场，问清有何病痛后，让他们坐在板凳上，光腿赤臂，由他依次用膏药抹在腰部或腿部的患处。过一会儿，他依次询问患者有无效验，患者则述说膏药真灵，腰已不酸或腿已不疼云云。此时，卖膏药的才拿出大包制好的膏药成品，向围观的群众兜售。其实他所拉进场的患者，都是他雇好的人，行话叫膏药幌子，每"表演"一次给点小钱完事。至于膏药有效无效，只有天知道了。当时的尤胜楼就是其中有名的一家。此人雇有一个伙计，手法与上面所说的也大同小异。不同的是用唱几口二黄或一段西皮来吸引观众，手里还拿着一只已死的鹧鸪鸟说事，东拉西扯，转弯抹角，才接触到本题。对找来"表演"的观众，声明只收一大枚，如果不见效，可以退钱。最后又取出 20 份膏药，无偿赠给其他患者，让他们替他传名。当然这些"表演"的人是和他早有联系的。

生意兴旺的落子馆

天桥的落子馆，当年曾吸引了不少的游人。落子馆，又称坤书馆。"落子"，又名"莲花落"，初为乞丐行乞时所演唱，在我国宋代时已经流行。元明时代，北京漕运发达，运粮船至北京后，唱落子的便到船上演唱，每天凭唱收入极少，全靠人家另外赏钱。乾隆年间出现了专业演员，到了清代末季，在前门石头胡同有四海升平园，专门演唱落子，这是落子馆的首创，其后逐渐在天桥一带发展起来。进入民国以后，天桥落子馆竟有十数家之多。演唱内容多为民间传说。歌唱的鼓姬风姿艳丽，衣履时新，出入大都坐自用包车。

落子馆在天桥之所以兴旺，一方面是她们的演唱通俗易懂，深受劳动大众的欢迎；另一方面是她们之中有人间操副业，就是变相的暗娼。在平日演出时，有钱的遗老阔少，看上了某个鼓姬，就连日到场，即所谓"捧角"。进而请吃饭、买衣服，接之便到鼓姬家做客、留饭，于是留宿。自此以后，捧角的人比去妓院花费还多。更有无聊的文人，不时在小报上点名吹捧，某某鼓姬如何善唱，等等。

天桥最早出名的鼓姬是振华园的冯凤喜。有一个好弄文墨的易实甫曾作天桥曲，其中有句云："自见天桥冯凤喜，不辞日日走天桥。"真是一经品题，声价十倍。不少游手好闲的人专程去天桥振华园，以一睹冯凤喜为快。后来，北京《燕风报》还曾发起过鼓姬选的活动，以相貌、表演技巧等为选举标准，当选的鼓姬有邓银桂、陶彩云、于瑞云等。当年还有什么"鼓姬内阁"之说，如"总理"伊惜兰、"外交总长"高玉兰、"财政总长"龚惜荣，等等，此外尚有鼓界12公主等。直到1935年，北平《筬报》还有过这种选举。小报为鼓姬吹捧，招徕众多听客；鼓姬则向小报送钱，作为报酬。

当时著名的落子馆有：西市场的合意轩，西街爽心园，城南商场的德意轩，公平市场的春华茶园、义合茶社，先农商场的楼外楼等。当时颇有名气的七岁红（本名李少芳）就在爽心园。

鼓姬敛钱的方法是场下有一拿扇子的人，行话叫"递话的"，扇面上写着演唱的曲目。他走向听众，请示点曲。听戏的每点一曲，拿扇子的即高喊："有题目！某角唱某曲。"每点一曲，付两角、四角、五角至一元不等，其他听曲的则可随意给钱。点曲所得的钱，由唱者和馆方平分，其他收入在每日散场后再按份均分。

天桥的杂耍及八大怪

旧社会的天桥，是贫苦大众的游乐地。去的人多是为了玩，在那里喜欢听书看戏的，可以去听相声、评书、河南坠子、大鼓书、莲花落，但更多的人是去看杂耍。天桥的杂耍真是五花八门，应有尽有。例如撂跤、变戏法、盘杠子、踩高跷、耍刀叉、抖空竹、踢毽子、耍花坛、耍中幡、拉洋片、耍猴等。这些艺人都是祖师相传，确有一套真功夫，有的因此出了名。过去有所谓天桥"八大怪"，但各个时期所指不同。庚子时期的八大怪有穷不怕、处妙高、韩麻子、孙丑子等，民国初期有老云里飞、花狗熊等，新中国成立前有云里飞、大金牙、大兵黄、张狗子、百鸟张、赛活驴、架冬瓜等。

天桥的艺人，各有奇才，凭他们的技艺都有其"怪"之处，说是"八"，只是北京人的一种习惯说法。其中除比较突出的前几名为大家所公认外，剩余的多是其说不一。即使在当时卖过艺的侯宝林，也只能说个大概。下面就各时期著名的"怪"，简单介绍一下：

穷不怕：本名朱绍文，北京汉军旗人。原为京剧丑角，后在天桥一带摆地摊说相声，他能自编自唱，在用来拍板的两片竹牌上写着"满腹文章穷不怕，五车书吏落地贫"。他表演时，以地皮为纸，用白沙子代墨，就地撒成字形。边写边说，写完之后，就他所写的字，或拆笔画，或释音义，或引古人，或引时事，最后必甩出一个硬包袱来，令人拍案叫绝。而且一场一样，每天不同。单字、三五字联、对子、诗词都有，令人无从猜测。他著名的段子"三字同头"，就是最好的一例。如第一翻为三字同头"大丈夫"，三字同旁"江海湖"；第二翻为三字同头"芙蓉花"，三字同旁"姊妹妈"；第三翻为三字同头"常当当"，三字同旁"吃喝唱"。最后解释说因"吃喝唱"，才落得"常当当"，亦颇有警世之意。后来说相声的有不少段子，都是穷不怕创作的。

老云里飞：本名白庆林，又叫庆有轩，是清末有名的说《西游记》的艺人。庚子之乱时，他带着儿女随从西太后銮驾去西安，回京后声名大震。他的演艺既不是相声，也不是清唱，而是两者兼备。做派很像京剧中的三花脸，一睁眼，一努嘴，都会使你发笑。他的"行头"也很特别，三顶用香烟盒拼凑的帽子：一顶是方巾帽，凡儒生、员外都戴它；一顶是壮士帽，演黄天霸、石秀时戴它；一顶是武生帽，帽顶还插着两根用鸡毛做的翎子。灰布大褂，就是戏台上的蟒袍，另外还有几面髯口。他就用这套行头，不用帮手，自己包演一出戏。一会儿头戴壮士帽引吭高歌，一会儿忸忸怩怩，来一段幽咽婉转的京腔，还很够味。在演唱中夹杂着相声的说、学、逗，不时抖个包袱，逗得观众欢笑叹服。后来他的儿子继承父业，即后期的云里飞。他们父子俩的场地一直是天桥杂耍场聚众最多的地方。

大金牙：本名焦金池，天津人。原在天津三不管地界拉洋片，有一回得罪了当地流氓，被打得死去活来，连门牙也被打掉，从此在天津混不下去了，便来到北京天桥，仍演拉洋片。因他镶了一颗金门牙，每一张嘴，那颗闪光的金牙，特别引人注目，日子长了，人们就叫他"大金牙"。

天桥拉洋片的艺人很多，多是拉几下锣鼓，说说画名而已。大金牙则不同，先把片名向观众简单介绍，例如："这是前门九丈九，这是后楼子七丈二"，"你要看张勋复辟，我这有，要看郭松龄倒戈，这里也全"……这期间已坐了十来位，他才开始表演。他唱时不用丝竹伴奏，只在一个木架上缚着一面小鼓，一面小锣，一双钹，都用线绳连接着，用手一拉绳，便锣鼓齐鸣。他边唱边奏乐，十分和谐。他的洋片都经过挑选，然后自编唱词，这些多是当时社会新闻或趣闻逸事，编成即景即情的鼓词，打着锣鼓，信口唱来。唱词有时虽然内容庸俗，但也具有一定的现实意义。例如他有个《夺龟山》的段子，其中有这样的唱词："南来了孙文先生闹革命，宣传革命一十二年。宣统三年他在武昌起了义，八月二十谋得了江山。你看他在龟山头上吊起了大炮，一炮打到了武昌府的城里边。唉……"大金牙的洋片本也没有什么稀奇，但这么一唱一说，顿时便使洋片活了起来。观众花钱心服，没看的也想坐下来试看一下，因此他的生意十分兴隆。

蹭油的：本姓周，名绍棠，东北人。他每天提着一个小铁盒在天桥串走，无一定场所。铁盒里装着他特制的药皂，可洗褪一切衣服上的油迹，另有擦癣的药皂，每块售价不高。他的吆喝特别奇怪："蹭、蹭、蹭，蹭油儿的呀！"一面唱，一面拉住观众的衣服就擦。一面擦，一面又喊："擦、擦、擦——治癣的呀，治脚巴丫儿的啊——"因为他叫声奇怪，举动滑稽，围观的人就多了，他也就有生意可做了。

曹麻子：本名曹德奎，京南青云店人，他先是跟黑泥鳅李学数来宝的，但他口齿伶俐，善于创新，抓哏逗笑，别具一格。演唱时，头戴一窄带，带上系铃铛，头动铃响，已先使人发笑。手持两扇牛哈巴骨，击骨作点，发出呱嗒声，边击边唱，节奏和谐。他的唱词幽默风趣，走到哪里，就即景生情现编现唱。如走到住房人家有狗向他狂吠，他便唱：

"叫小狗，你别咬，撕了我的破棉袄，夏天撕了还不怕，冬天撕了受不了。"他在天桥演唱，几乎每天都换新词，其著名的《北伐成功》一段，有这样的词："嗳！数来宝的一心秉定，说给诸君听分明。北京那年拆城墙，前门楼子也要动。动了前门楼子也不离，北伐成功扯起青天白日旗。"呱嗒呱……又如《骂摩登》一段："毛竹板响连声，尊声列公听一听。现在也把世界换，种种样样不如前。如今摩登士女不一样，男女都把烟卷抽。中华女子剪了发，一街跑的和尚头。到如今摩登姑娘巧打扮，烫发刮脸倒香油。"呱嗒呱……

管儿张：能自制竹哨，安在一支小竹管上，吹出时调小曲。有时不用嘴吹，而是把小竹管放入鼻孔里吹。什么《大开门》、《小开门》、《开手板》等曲牌都有，也颇能引人观赏。

百鸟张：本名张昆山，在天桥露天打场。单人独技。先用白土子撒字，将所学的鸟名就地写明。开演时，佐以手势，或以掌自抚其口，或以指自按其腮，做出各种鸟鸣声。什么家雀儿闹巢、山喜鹊齐鸣、啄木鸟寻食，等等，学得都挺像。观众闭目倾听，有身临其境之感。《都门杂咏》有云："学来禽语韵低昂，都下传呼百鸟张。最是柳荫酣醉后，一声宛转听莺簧。"据他自己说，凡是会飞的，一概能学。

赛活驴：本名关德俊，妻子叫乔金凤。夫妻两人在天桥撂地表演"毛驴舞"。他用的道具是一件用黑绒布制成的空心驴，驴脖子上挂着铃铛。表演时，他钻进驴型里，弯身前扑，手拉两根短拐做驴的前腿，自己的两条腿做驴的后腿。手脚并用，模仿驴跑的动作，加上驴脖上的铃铛哗啦哗啦作响，活像一匹真的毛驴在奔跑，乔金凤则跨在驴背上做赶驴姿势。表演中还有驴登山、驴过河等较难动作。

大兵黄：原名黄才贵，后改黄德胜，山东人，曾在旧军队中做过下级军官。据他自己说，马玉昆、姜桂题、张勋等队伍中，他都干过。幼年时从师习过武，张勋复辟失败，回山东原籍，后来天桥摆一个把式场，一面练武，一面卖药糖。他头顶红疙瘩瓜皮帽，身穿青色长袍，外套黄马褂，马褂上面是绛紫色坎肩，从冬至夏，总穿着绒套衫，脚下穿一双青缎双脸皂鞋。这套装束，加上说话时那副五官乱动的怪相，不用表演就已使人发笑。他一开口就骂大街、骂时局、骂贪官污吏、骂土豪劣绅。有名的骂词："贪财好色不治国，净娶小老婆。"真是痛快淋漓。因为他骂得有理，骂人们不敢说的人和事，因此人们都愿听。他骂一阵子后，就开始卖药糖。他每天午后3点出场，5点多就收摊，来时身背一袋子药，收摊时变成一袋子铜板。由此可见他的"魔力"之大。因为他是大兵出身，故称他为大兵黄。

焦德海：是"穷不怕"以后较有名的相声演员。他俗不伤雅，没有粗野刺耳难听的语言。他和刘德志搭伙，在天桥摆地摊。他的特点是语言幽默，表情滑稽。同样的言语，在别人说来，并不稀奇，可是经他俩的嘴一说，因为音调的感应和表情的逼真，使人不得不捧腹大笑。因此，他的相声颇受欢迎。

架冬瓜：本名叶德林，专唱滑稽人鼓。在演唱中，能学各种人的说话声音和表情，把剧中人的喜怒哀乐表演得惟妙惟肖。他以京韵大鼓的唱腔，加以通俗易懂、诙谐的词句，常常引人大笑不止，受到人们的欢迎。

其他如"人人乐"的学禽兽声，如黄雀、画眉之鸣叫、鸡鸣犬吠、猫叫、猪叫，都能学得以假乱真。"田痂子"的耍杠子，用一条半腿，在杠子上练各种功夫。竹枝词赞道："蹴腿何曾是废人，练成杠子更通神。寒鸦浮水头朝下，遍体功夫在上身。""万人迷"的唱杂曲，"花狗鬆"的鼻吹竹哨，"周老公"的耍铁锤，"空中范"的舞大空竹。空竹小者五六十斤，大者百斤，可抖几十丈高。还有"赵瘤子"的竹条杠子，等等。他们各有独到的功夫，因此逛天桥的人对于杂耍是不能不看的。

天桥的血泪

北京人最喜逛天桥，但在北洋政府、国民党、日伪统治时期，他们利用天桥游人稠密的特点，在大桥附近的东南方，后移至先农坛南墙外（俗称南坛根，今永定门西街），作为镇压人民、屠杀革命志士的场所。近半个世纪，在天桥这块土地上，许多先烈为争自由、争生存而流尽鲜血。老北京人都知道"上天桥啦"这句话，这就是被砍头或被枪毙的同义语。

北京人喜欢逛天桥，可是很少有人知道在笙歌舞乐的幕后，天桥的艺人却过着被欺压的血和泪的悲惨生活。在封建反动政府统治时期，这里是恶霸、流氓地痞勾结警察、特务横行霸道的地方，是社会上最黑暗的一角。当年天桥有四霸天、林家五虎、母老虎、活阎王、御皇上（新中国成立前已死）、御皇娘等恶霸。早先一听这些称号，人就不由得谈虎色变。这些人表面上也开戏园、摆摊子，但他们专门收养了一群亡命之徒，独霸一方。在他的范围内，如有不愿受其剥削压迫的，便指使打手去打。这些打手内部也有分工，有的打人，有的挨打。挨打的躺在地上抱着脑袋，蜷曲着腿，讲究打四面不吭一声；打得头破血流，腿折胳膊断，一动也不动，就是好样的。有的能说会道，专门上堂包打官司。这些恶霸之间，为了争行斗市，往往砸戏园子、打群架。这时这些打手就露头了。小的斗打，经这些能说会道的一调解，便私下和解。一旦打得有伤亡，被送警察局，这些会打官司的便出头上堂，因为他们和警方本有勾结，结果依然可以私下了事。斗打的赢家可使自己的势力得到扩张，因而横行霸道也就愈演愈烈。霸天、阎王等名称就是这样来的。

例如南霸天孙五（即孙洪亮），曾霸占一个看坟的农民吴某的土地，并把吴某逼死，他还强娶过一个老太太的女儿做小老婆。又如林家五虎的林文华，以练武术为生，经常把四邻街坊当作练拳的对手，打得对方鼻青脸肿，甚至吐血致死，他还奸污过邻家妇女。

当时天桥有个破旧的小剧场叫万盛轩，它的东家就是"御皇上"。他死了以后，"御皇娘"继业。新中国成立前夕著名演员新凤霞就在这里演过戏，她也曾受过这些人的气。

这些恶霸尽管做尽了伤天害理的勾当，但因有反动政府的撑腰，人民奈何不得，只能怀恨心中，忍气吞声。

此外，天桥的妓院暗娼，在地方恶霸的主使和反动军警的掩护下，活动也很猖獗。著名的凶恶老鸨子黑牡丹，和一个著名的恶霸姘居，买卖妇女，强逼少女为娼，做尽了坏事。

天桥这个地方吸引人的事迹很多，它的血泪史也罄竹难书。新中国成立后，四霸天、皇上、皇娘、阎王、把头……都被打倒了，孙五、黑牡丹等也被镇压了，天桥才和全国各地一样获得了新生。

20 世纪 30 年代中国文化人的经济生活

陈明远

多年以来，为了研究 20 世纪中国知识分子的状况，我查阅和考证了大量的文字记载，同时也对许多前辈当事人知情人作了访谈核实，获得不少第一手资料。发现其中有个专题，以往的专家学者们似乎没有十分注意到，这就是"文化人的经济生活"。

关于这个专题可以写好几本书。本文简要地描绘 30 年代中国文化人的经济生活状况，以北京（北平）和上海两地为代表。

20 世纪 30 年代北平文化人的收入情况

整个 20 世纪 30 年代中国南北的币值和物价是比较稳定的，没有 40 年代两场战争时期那样的物价飞涨、恶性通货膨胀和大幅度贬值（法币和金圆券）。所以 30 年代这些年的经济情况便于和现在做比较。

文化人的经济来源，大致上有两大类：（一）讲学收入，（二）稿酬收入（包括翻译和编辑费）。如鲁迅先是在北京大学、北京女子师范大学当讲师，后来在上海专门写杂文、著书、译书，兼任大学院的特约撰稿人。

根据20世纪30年代的记载，北平的学者可分为四个等级：

一级学者为教授，每月薪金300～500元，每周上课8小时，可以住一座楼房或一所大约10间平房的四合院，如朱自清、闻一多、陈寅恪、俞平伯、杨树达。

二级学者的教授月薪少些，但要在别的学校兼任讲座，多花费些时间和精力，收入也可达每月300元以上，如黄节。

三级学者是讲师，薪金为每月200元左右，如王力（了一）、浦江清、许维橘。

收入最低的四级是刚毕业不久的大学生担任助教者，月薪100元左右，如余冠英。

1931年，国立清华大学校长梅贻琦上任后，为招聘贤能，颁布规定：教授月薪300～400元，最高可达500元，而且每位教授可以拥有一栋新住宅；讲师月薪为120～200元；助教月薪为80～140元；学校行政职员月薪为30～100元；工人（勤杂工）月薪9～25元。（引自《30年代清华大学成功原因初探》）

听曹禺先生说：30年代清华研究院的研究生，每月有30元生活费，足够你开销的。真要是沉下心来做学问，是一个很好的地方。曹禺又说，他1933年夏天从北平清华大学西语文学系毕业时，有人问他是否愿意去保定教书，月薪240元。可见当时清华毕业生待遇之高。

北平的官办报刊，稿酬为千字3～5元。《鲁迅全集》载有当时北平的稿酬标准。20年代末，鲁迅在孙伏园编辑的《晨报副刊》投稿，每千字2～3元；另外《晨报》馆有一种"特约撰述"，每月除稿酬外还加酬金30～40元（见鲁迅《我和语丝的始终》）。到30年代，北平官办刊物的稿酬可达千字 4 ~ 5 元。

那么 20 世纪 30 年代北平的生活费用如何呢？根据记载，城内一座 9 间房的四合院，房租每月 20 元左右；包车每月 10 元。当时花 1 元钱就可以请客涮羊肉。物价很便宜。

国立清华大学提供给教授们的住宅是免费的。1933 年春，清华西院住有闻一多、顾毓秀、周培源、雷海宗、吴有训、杨武之（杨振宁之父）等近 50 家。闻一多所住 46 号"匡斋"是中式建筑，共有 14 间房屋。到了 1935 年初，闻一多、俞平伯、吴有训、周培源、陈岱孙等教授又迁入清华新南院，这是 30 栋新盖的西式砖房，每人一栋。条件更好，有书房、卧室、餐厅、会客室、浴室、储藏室，电话、热水一应俱全。

比较富裕的文化人，全家每月必需的生活费不超过 80 元。因此能够盈余很多钱来购买中外文书籍，订阅国内外的报刊，逛琉璃厂买古董字画。全国各地到北平求学者，几年后得到一个大学毕业的资格，生活是不犯愁的。还有像沈从文、丁玲、何其芳这样的初学写作者，在北平谋生有一定的困难，但往往能获得前辈学者教授的资助，因为他们富余的钱比较多。

以实际购买力估算，中国 20 世纪 30 年代国币 1 元，约相当于 90 年代人民币 30 ~ 50 元。例如，以饭店的客饭价钱做比较，上海 30 年代一份客饭或罗宋（俄罗斯）式西餐为 2 角钱，90 年代同样的一份大约 6 ~ 10 元，相差 30 ~ 50 倍。以快餐面条的价钱做比较，30 年代一碗面 4 分钱，90 年代一碗面 1 ~ 2 元，相差 25 ~ 50 倍。以信件的邮资做比较，30 年代国内邮简 1 ~ 2 分钱，到 90 年代为 5 ~ 8 角钱，相差 40 ~ 50 倍。再以图书的定价做比较，30 年代一本 3 ~ 5 角钱的书，在 90 年代为 10 ~ 20 元，大约相差 40 倍。

20 世纪 30 年代北平与上海的生活水平差异

当时北平的稿酬比上海高。在北平报纸杂志和学术期刊上，稿酬可达每千字 4～5 元。而上海的报刊大多是民办的小型的，一般稿酬为每千字 1～3 元。因为北平报刊以官办居多，拨款不计成本；上海报刊则多是小规模、商业性的，要赚钱怕亏本，必须讲究经济效益。

查阅《鲁迅全集》有几处提到当时的稿酬标准。1935 年，鲁迅在《病后杂谈》一文中提道：上海"近来的文稿"的薪酬最低者（小报消息或"报屁股"文章等）每千字 5 角钱，高者每千字 3 元。鲁迅杂文一般的稿酬是千字 3 元，有时千字 5 元（如商务印书馆的稿酬标准）。这在上海就是最高稿酬了。还有出书抽取版税的，但当时一般印数少，一次印 1000～2000 册，很少有超过 1 万册的。

30 年代的上海号称东方第一大都市、世界第三大都市（位于纽约、伦敦之后），生活费用比北京高，也比日本东京高。

1939 年 6 月《鲁迅风》杂志有这样的资料：上海的作家按照经济收支状况可分为四个等级：

（一）最低的四等作家稿酬为千字 1 元左右，如何维持家庭生活的呢？住亭子间房费 10 元，大米小菜油盐煤球等每月伙食费 40 元，加上衣服、乘车、应酬（请客吃饭等），每月需要 60～80 元。如叶紫、殷夫。

（二）三等作家稿酬为千字 2 元左右，可住一层前楼加亭子间，每月房租 15 元左右，生活费 120 元左右。如丁玲、萧红、萧军的收入，从四等升为三等；夏衍、胡风的稿酬一开始也是千字 2 元，后来升为 3 元，由三等升为二等。

（三）二等作家稿酬为千字 3 元左右，可住 3 间房，每月房租 20 多元，生活费 160 元左右，月收入 200 元左右，如成名后的夏衍、胡风。

（四）一等作家除稿酬外还有出书及增印的版税，以及其他来源，每月收入 400 元甚至更多，如鲁迅（除稿酬外还可得由蔡元培举荐兼任"大学院"特约撰述员薪酬每月 300 元，后来他拒绝领取）、巴金（除稿酬外还加文学丛书编辑费每月 200 元）、茅盾、郁达夫等。

当时比较高级的生活费用如何？鲁迅 1935 年的文章里说过：在上海租界找一处带院子的住宅（二三层小洋楼），租金每月 100 两（银子）；巡捕捐按房租的 14%，共计 114 两。每两按 1 元 4 角算，等于 159 元 6 角。作家为了支付这样的房租，需要每月译著 5 万多字（按稿酬千字 3 元计），或依靠著书的版税，或其他收入。

可见，在上海文化人的生活水准一般收入要比北平的低，而支出要比北平的高（只有少数大学者、大作家的收入可以跟北平相比）。那么，为什么在上海的文化人反而要比在北平的多，而且全国各地的文学青年源源不断地涌往上海呢？因为上海是当时全国经济文化中心，集中了鲁迅、茅盾、郁达夫、巴金这样的文坛巨子；而且在上海公共租界区可以避免国民党的专制镇压（国民党政府不能进入租界任意搜索和逮捕），相对来说享有一定的言论、出版自由。

个案分析（一）：20 世纪 30 年代夏衍的经济生活

夏衍原名沈端先（端轩），1900 年 10 月生于浙江杭州，1914 年他 14 岁，到染坊店当学徒，期满以后，每个月可以有 2 块钱（银圆）的工资。沈端先上中学时，伙食费、书籍费、学杂费一共不到 5 元。1920 年，沈端先从浙江公立甲种工业学校（5 年）毕业，由学校保送到日本报考官费留学。先发预备费 200 元（当时汇率中国 1 元 = 1.23 日元），漂洋过海东渡日本的旅费，轮船三等舱、火车三等座，一共只要几十元。

20 世纪 20 年代初，留日学生每月官费 60 元（大洋），折合 75 日元左右。日本生活费用，在东京的小饭馆里，一碗汤面 5 钱（合中国 4 分），一份牛肉盖浇饭 10 钱（合中国 4 角），所以中国留日学生的生活比较宽裕，每月除了衣食住行以外，还可以买些书籍用品等。中国留日学生每三年发一次旅游费，大约 80～100 元国币。20 年代，日本出版界"圆本"流行，这是一种文史哲丛书，每月出版一本，每本定价 1 日元。当时沈端先每月节省 1 日元，就订购了一整套世界戏剧名著。

学成归国后，1928—1934 年，沈端先在上海的公开职业是翻译，主要依靠译书为生。翻译稿费每千字 2 元，他每天一清早起来就译书，坚持翻译两千字，每月收入译稿费 120 元。这是一笔可观的固定收入。

1929—1930 年创立上海艺术剧社，第一次募捐经费大约 200 元，其中陶晶孙捐款 40 元，沈端先翻译了一部日本小说，由潘汉年经手去换了 20 元稿费，郑伯奇、潘汉年各自捐款 20～30 元，其他人也捐献了一些。1929 年冬，上海艺术剧社排完了戏，到施高塔路（今山阴路）口的"白宫"小饭馆去吃饭，每人一客"2 毛小洋"，即 2 角钱。

1932 年，淞沪战争结束之后，沈端先从闸北区唐山路搬家到法国租界爱文义路（今北京西路）普益里，弄堂房子二层楼一开间半，"顶费"不算贵，250 元（全年租金）。

1932 年夏天（大约在 6 月），上海明星影片公司由洪深介绍，聘请郑伯奇（化名席耐芳）、钱杏邨（化名张凤梧）、沈端先（笔名黄子布）担任"编剧顾问"，每月每人致车马费 50 元；不久艺华影片公司编剧委员会田汉、华汉（阳翰笙）又聘请他和周扬等担任艺华的"编剧顾问"，每月车马费 30 元。加上每天译书的稿酬，这样夏衍每月收入将近 200 元；此外每年出书有上百元版税，编写电影剧本还另有收入。

所以，30 年代的夏衍，在左翼作家中算是比较有钱的。

个案分析（二）：30 年代胡风的经济生活

胡风原名张光莹（光人），1902 年 11 月生于湖北蕲春县。

1927 年，张光人担任江西省党务学校编辑员，月薪 60 元。这是在他的工薪收入中，目前可以确切查证的第一个数据。1931 年张光人在日本庆应大学留学，获得了半额公费（庚款补助金），每月 45 日元（相当于国币 30 元，20 世纪 30 年代兑换率 1 元国币 = 1.5 日元，也即日元贬值了）。

1932 年，张光人回国后，到上海被选为"左联"的宣传部长。这时他在中山文化教育馆担任了《时事类编》的日文翻译员，不用上班。薪金比全日工作者少一半，月薪 100 元。他住进法租界金神父路一处西式公寓房，有一张床、一张沙发、一个书桌和一个五斗柜。房租每月 20 元。早餐包给房主每月 5 元；午餐在中山文化教育馆搭伙，每月 10 元。为过冬做了一件深灰色毛哔叽的驼绒长袍，花了 10 元；这件长袍他穿了 4 年，直到抗战爆发离开上海。当时从上海到武汉的轮船票每张 10 元左右。

1934 年新年，他与屠（梅志）同居，住进巨赖达路（今巨鹿路）采寿里，房租每月 13 元。布置新房花费 50 元。家具有一床、一方桌、四把圆凳、一个书架。张光人的新家也成了"左联"领导经常开会的地方。有一天，他们夫妇刚起床，周扬（起应）就来敲门，焦急地说："家里没有菜钱了，借个三五元吧。你手上没有，就用鲁迅的补助款也行嘛。"周扬经常来借钱，很少归还。

夏天，他们搬家到金神父路大兴坊，月租金 14 元。后来又迁居到巨泼莱斯路合大里二楼，前后两间，还有抽水马桶和电话，月租金只有13元。

当时胡风夫妇日常生活开支（除了房租）大约每月70元，其中在内山书店购书十几元。胡风常抽烟，抽那种1角钱两包的普通烟。

鲁迅叫胡风为英文刊物 *CHINATODAY*（今日中国）写篇文章介绍中国左翼文化，给了胡风20美金稿酬，合国币80元（当时兑换率1美元=4元国币）。不久，胡风夫妇生了孩子，又雇佣一个娘姨。要居住舒适些，就在福熙路静安寺路慈惠里找到一处大小两间厢房，有卫生间，上面还有小阁楼（供娘姨住）。为了付房租30元，胡风每月要多写1万字（千字3元）。实际上当时胡风每月稿酬100~200元。居住条件比较好，曾请鲁迅全家来吃饭，也招待过其他作家朋友。

但是不久胡风失去了他在中山文化教育馆的日文翻译员职务，月薪损失100元。要继续支付每月30元房租，经济压力比较大。所以胡风夫妇又换了房子。1935年底搬到威海卫路芸兰坊一处前楼二楼带亭子间的房子，月租20元。不久又搬到英租界孟德兰路找到一处弄堂房子，有起居室、卧房，还有楼上亭子间，月租金20多元。

1936年10月鲁迅去世后，生活书店出版《工作与学习丛刊》由胡风主持，每期编辑费80元；稿酬千字3元。

1936年底，中共地下党在上海的领导干部冯雪峰看出胡风的经济有困难，就提出要胡风全家搬到他租的房子去住。那是法租界拉斐德路颖村的一栋三层楼房。胡风一家住三楼，周建人一家住二楼，冯雪峰的妻子何爱玉带两个孩子住楼下（冯自己另外在白俄公寓还租了一套房子）。冯雪峰不要周建人和胡风付房租。这是胡风受到中共的特殊照顾（由地下党的经费交付房租）。

左联成员的经济生活状况

中国左翼作家联盟，简称左联，于 1930 年 3 月 2 日成立，会员约 50 人；1935 年 11 月自动解散。

据胡风回忆，鲁迅每月捐助左联 20 元。1933 年 8 月以后，胡风担任左联的执行委员、宣传部长，每个月定期到"公啡"咖啡店会见鲁迅，这 20 元就由胡风经手。1934 年春胡风辞职，左联党的领导一度与鲁迅失去联系。1934 年深秋（10 月下旬或 11 月初），阳翰笙、周起应（周扬）、沈端先（夏衍）、田汉在内山书店向鲁迅汇报左联的工作，"临别的时候，鲁迅从口袋里拿出一张 100 元的支票，交给周扬"。（据夏衍《懒寻旧梦录》）这就是鲁迅为左联支付 5 个月的赞助费。有时，鲁迅还给予左联额外的资助，例如为援救艾芜出狱捐款 50 元，向特科党员吴奚如支援 30 元，等等。

除鲁迅定期捐助 20 元以外，茅盾每月捐助给左联 15 元。据《胡风回忆录》所载，这每月 35 元（折合现在 1000 多元）主要用作左联内部通讯的印刷费。

那么，一般左联作家的经济状况如何呢？

据关露回忆：她在 1932 年春天加入左联，记得第一次开小组会的时候，党团书记丁玲同志出席。……当时左联同志都很年轻，除在复旦大学当教授的穆木天比较年长一些而外，大都只有 20 岁左右到二十六七岁。因此，绝大多数人没有成家，孤身住在一个小亭子间里，用一个煤油炉自己做饭，上老虎灶买开水。也有的到最便宜的小饭馆去买 1 元钱 6 张的饭票（一顿客饭 2 角钱，买 1 元钱可以优惠），或者吃 12 个铜圆（相当 4 分钱）一碗的阳春面（1 分钱 = 3 个铜圆）。经常由于交不出房租被房东驱逐，还经常饿一顿不吃饭……

1934 年间，关露曾在上海欧亚航空公司当一个小职员。后来知道特务发现她是左联成员，要抓她，只好把这个月薪 75 元的职位辞了。

叶紫加入左联时，周扬派关露找他谈话。叶紫房里连一张书桌都没有。关露见他用铺板当桌子，坐在一张小板凳上写东西。他已结婚。当时正是夏天，好些人都吃西瓜，但叶紫的孩子在吃菜瓜（菜瓜比西瓜便宜）。

1935 年，聂绀弩主编《动向》期刊在文艺界打响，不仅自己有了固定的收入，还将叶紫拉到报馆当助手。叶紫得到月薪 60 元，从原来住的灶披间搬了出来，安心生活。（据梅志《胡风传》）

戴平万住在法大马路他的一个同乡开的纸店后楼。房里只能放下一张床，一张桌子。他就坐在床上写字。晴天的时候，他上街也穿套鞋，因为他没钱买皮鞋。

据齐速回忆：1933 年，他只有 19 岁。当时在虹口区唐山路一个弄堂小学教书，薪金非常低，每月仅有 10 元。……另外靠三哥四哥给些钱。住在亭子间。一日三餐是这样的：早饭一碗豆浆，一个饭团（包油条加白糖），每人几个铜圆（合 3 分钱）；中午在小饭馆内，米饭、黄豆豆腐、猪肝菠菜汤约 22 枚铜圆（合 7 分钱）；晚饭喝粥加碟小菜约十来个铜圆（合四五分钱）。总之每人每天不到 2 角钱，一个月伙食费 5～6 元就够了。

据吴奚如回忆：1935 年一个从事地下工作的"琴妹"在织袜厂当女工，每月工资 20 元；小学教师和小职员、店员每月工资 40～80 元。当时参加"左联"的一些青年文学爱好者，大多来自这些阶层。过去一般把他们统称为"小资产阶级出身的小知识分子"。

这就是说，"左联"一般青年成员的经济生活属于比较清苦的城市贫民水平。其中包括陈荒煤、刘芝明、陈克寒、周巍峙（到新中国成立后他们陆续成为文化部副部长），以及于伶、陈白尘、吴作人、艾芜、沙汀、欧阳山、草明、安娥、马宁（后来成为知名作家或艺术家），等等。

大使夫人带动的民国女子骑车新风尚

———

邓 洁

女子穿长袍骑自行车上街，由"伤风败俗"变成"惊世骇俗"

自行车运动在中国发展有一个漫长的过程，特别是女子自行车运动的兴起，在封建意识浓厚的旧中国更有石破天惊的意义。在本人接触到的资料范围内，中国最早骑自行车上街并留下文字和图片记录的女子可能是唐金环（珏华），广东香山唐家湾人，1886 年出生。

唐金环是第三批留美幼童唐荣俊的大女儿，后来成为外交家施肇基的夫人。其祖父唐廷植、叔公唐廷枢和徐润、郑观应等人齐名，是粤商香帮在上海的领袖人物。有资料记载，早在 19 世纪末，曾留学欧美的学生唐元湛、颜惠庆、牛惠生等人将自行车带进校园，成为传播自行车车技的首批华人。唐荣俊和唐元湛、唐绍仪是香山唐家湾同宗。

唐荣俊位于上海马克姆路 27 号的家本来就是粤商汇集的地方，昔日的留美幼童回国后也经常在这里聚会。他们在花园草地上唱读书时的校园歌曲，重温热爱的棒球、网球运动，自然引得唐金环及兄弟姐妹对外面的世界充满向往。而这时的上海，女子依然是大门不能出、二门不能迈的。

突然有一天,一个十四五岁的女孩子骑着自行车从马克姆路 27 号冲了出来,更让人瞠目结舌的是她竟穿着男式长袍、裤装。这个举动有点离经叛道,引起了轩然大波。报馆记者捕捉到这个新闻,纷纷报道,主基调是这个骑自行车上街的女子真是伤风败俗,她应该行不动裙、笑不露齿才对。舆论没有让她闭门思过,反而愈演愈烈,骑着自行车继续上街,头上还多了一顶西洋式的凉帽。她的兄弟们弄了个照相机,在马路上一边赛车,一边相互拍照,乐此不疲,引起了更多人的好奇和关注。

很快人们就知道,这个穿长袍、戴凉帽、骑着自行车上街的女孩子就是粤商领袖唐荣俊的女儿唐金环。她饱读诗书,外语流利,自然是想法超前,举动新派。由此,记者笔锋一转,从"伤风败俗"变成"惊世骇俗"。

这一折腾,街上骑自行车的女子就不只她一个了。

《图画日报》的《上海社会现象》干脆刊载了一幅水彩素描,题为《妇女亦乘脚踏车之敏捷》,将骑车女子的身影画得曼妙无比,文章写得让人心动:

自脚踏车风行沪地,初为一二矫健男子取其便捷,互相乘坐。近则阁楼中人,亦有酷喜乘坐者。每当马路人迹略稀之地,时有女郎三五,试车飞行,燕掠莺梢,衩飞鬓颤,颇堪入画。

记者们很快又有了新的发现:唐金环和兄弟们所骑的自行车是新款,不是从前那种前轮大、后轮小的车子,而是一款经过改造的前后轮径一致、之间有传动装置和刹车装置的自行车。它座位靠后,不会将衣襟绞到车轮里去,且容易控制,能够避免危险事情发生。此后,前后轮径一样大的自行车被称为"平车",属于安全型。

唐荣俊和唐元湛对唐金环把新款自行车骑出去的勇敢行动感到由衷的高兴。他们这批留学生是穿着官服出国的，无论顺境逆境，都有一种使命感，不仅要学习引进国外的先进技术，还自觉把改良社会、改良国民性当成己任，将社会公益事业当成终身事业。

大使夫人成为上海自行车会第一位女会员

20世纪30年代，唐元湛的儿子唐观翼在上海推广现代自行车体育活动，想以体育实业让中华民族丢弃"东亚病夫"的耻辱记忆：他开设安轮车行，代理英国跑车、摩托车；组建上海车会，推广自行车健身运动；设计生产并销售"翼牌"系列自行车，组织上海市自行车比赛及沪、津、平自行车拉力赛……

但是体育赛事没有女子参加等于只成功了一半，而且一年一度的自行车竞赛总得有新亮点。于是，唐观翼想到了此时已是大使夫人的唐金环，请她以自行车健身运动推广者的身份，为中国妇女做个榜样。

唐金环大部分时间随丈夫施肇基居住在国外，看到了东西方差距，更加希望祖国强盛。此时，她已经是六个孩子的母亲了，依然愿意身体力行，推广现代体育运动。她认为，只有"母亲"身心健康，才能从根本上扔掉"东亚病夫"的帽子。

于是，唐金环成为上海车会的第一位女会员。只要有时间，她都会参加车会的活动。她的行为推动了女子自行车健身运动的兴起。

随后，唐观翼根据中国女子的穿着和生活习性，很快就设计出了专给妇女骑行的坤车，即在定型的三角横梁自行车基础上，将横梁放斜，呈"V"形，前侧是两根，后侧是一根。唐观翼将生产出来的"翼牌"坤车送给了唐金环，并热情地为她拍照留念。

唐金环具有先锋意义的行动在女青年中形成了普遍认同，唐观翼顺势而为，请工部局女校校长杨怀僧的夫人帮助，动员女学生参加自行车健身活动并训练运动员。她们认为，能够参加上海市自行车竞赛运动会是一个荣耀，著名外交家施肇基的夫人唐金环已经为新女性树立了榜样，我们要奋起直追。

同时，此事所带来的效应不仅是中国女子生活观念的转变，还有服装的变革——传统裙装或旗袍是无论如何不能进行自行车健身运动的，为此，上海女装开始生产西式裤装，由此还带来了女装服饰西洋化的潮流。

1935年，在上海新建的被称为远东最大的体育场里举行了万国自行车大赛。中国队的组织者是王正廷和唐观翼，他们认真筹划，选拔优秀运动员，由上海车会组织女子组参加。女运动员们梳着短发，身着短袖运动衫、深色运动短裤、短筒袜、白色回力鞋，在国际上展现了中国妇女全新的形象。在这一年的全国自行车运动会上，上海女学生汪爱先获得了冠军。

1938年10月16日，上海车会举办上海市第三届自行车竞赛运动会，《申报》一早出报，以《今晨九时胶州公园自由车竞赛，参加者五国选手三十四人，男女竞赛外更有女子表演》为题进行报道。消息披露：上海车会副会长陈咏声女士领导之工部局女中学生60人，将有国内破天荒之合作表演。开幕式上，工部局60名女中学生组成的自行车队列式大游行蔚为壮观，她们全部梳着一头齐耳短发，一身白色运动短装，佩戴红丝带领花。她们神色从容，身姿健美，骑着自行车以队列式出现在人们的视野中。

由此，女子自行车健身运动逐渐成为时尚，以往专画旗袍美女广告招贴画的画家们也笔锋一转，画出袒露着健康而修长的四肢、表情娇媚活泼的自行车女郎。人们像接受女子穿高跟鞋、烫发、做体操一样，接受了女子骑自行车这一新风尚。

满汉饽饽与苏式糕点

崔　曙

　　北京人是从什么时候起把糕点叫作"饽饽"的，我没有考察过，但在我幼年时期，即20世纪20年代的时候，就听到北京人把糕点叫作"饽饽"了。最初我以为"饽饽"一词是满洲语，后来看了姚元之的《竹叶亭杂记》，才知道"饽饽"并非满语。姚元之在书中说："饽，蒲没切，面饽。"又说："北人呼为波波，南人讹为磨磨。"可见"饽饽"一词，是古已有之的了。

　　饽饽虽非满语，但北京确实是从满族入关以来，饽饽一词才盛行的，不但把糕点叫作饽饽，就连水饺，都叫作"煮饽饽"。满族人把吃早点也叫吃饽饽。北京的满族人吃早点有吃糕点的习惯，两块大油糕，一碗酽酽的香片茶，就是一顿早点。吃完早点，上街去遛弯儿，熟人见面，互相请安问候："您喝茶啦？""您吃饽饽啦？"这是一种礼貌。满族家庭主妇，在午后招待来访的女客，往往在小炕桌上摆四碟满汉饽饽，沏一壶香片茶，宾主脱鞋上炕，围坐桌旁，饮茶吃点心，叫作"摆大饽饽"或"吃大饽饽"。

由于那时候北京人对糕点的需求量很大，所以糕点店也就相应多了起来。糕点店都叫饽饽铺，饽饽铺都叫某某斋。饽饽铺门面当中悬挂着某某斋的匾额，两旁横匾写着"满汉饽饽""龙凤喜饼"等字样；矗立的冲天招牌上也写着"满汉饽饽"等字样。最大的饽饽铺要数前门大街的"正明斋"了。"正明斋"开设于前清同治年间，以孙学仕经营时为最盛。孙学仕字晋卿，山东人，他是民国初年的"北京总商会会长"。他除开设"正明斋饽饽铺"外，还开设"正阳楼饭庄""西升平浴池"等。他经营"正明斋"时，"正明斋"连同分号在内，共有七家之多，有"晋记正明斋""文记正明斋""正明斋东栈""正明斋西栈"等。炉房（即生产车间）也有三处之多。

除"正明斋"外，同时比较有名的饽饽铺，还有西单的"毓美斋"，西四的"兰英斋""兰华斋"，东四的"桂芳斋""芙蓉斋"，地安门的"桂英斋"。清真饽饽铺，则以前门大街的"祥聚公"和通县的"大顺斋"为最有名，"大顺斋"清朝就有，它的"糖火烧"，今已远销国外。"芙蓉斋"制作的黄白蜂糕，在北京享有盛名。"桂英斋"的糕点经常供应宫廷和王府，传说慈禧太后都吃过"桂英斋"的糕点。

以上这些著名的饽饽铺，都以制作和出售满汉饽饽相标榜，那么，究竟什么是满汉饽饽呢？原来，我国糕点到了明代，已能大规模地生产了，明代抗击倭寇的名将戚继光，就曾创制出著名糕点——"光饼"和"征东饼"，作为行军干粮，大量生产，至今福州市还有这两种糕点出售。明朝覆亡，满族入关，把满族糕点带到了北京，与北京原有的糕点汇合在一起，从此，北京就有了满汉饽饽之说。

满族入关以前，在东北就已经有了自己民族的糕点，并且品种还很不少，如苏叶饽饽、淋蒸糕、洒糕、打糕、盆糕、搓条饽饽等，这些糕点的主要原料大都是黏秫米、糜子、江米等。清初，满族在糕点方面，取长补短，吸收了汉族糕点的特点，使本民族的糕点得到了很大的进步。就以满族糕点萨其马而言，就是在搓条饽饽的基础上，参照汉族糕点芙蓉糕的制作方法，加以演变而制成的。萨其马译成汉语，就是糖缠之意，当众多满洲饽饽俱已销声匿迹之际，萨其马硕果仅存，不只成了京式糕点中具有代表性的产品，而且还跻身于各省糕点之林，几乎没有哪一省的糕点中没有萨其马的，远到广东，也有萨其马出售，只不过改换了一个很别致的名称，叫作"杀其马"罢了。

除萨其马外，现存的满洲饽饽只有奶油光头、巴拉饼、蜜供、馓子等寥寥数种了。现在北京小吃店出售的小枣盆糕（也叫小枣切糕），也是满洲饽饽的一种，只是比满族的盆糕增加了辅料——小枣。

随着时代的变迁，满汉两种糕点已经融为一体了，今天年轻的糕点师恐怕也很难说清，哪种糕点是满点，哪种糕点是汉点了。"饽饽"一词也早已被"糕点"或"点心"替代了。"饽饽铺"也都改称为"糕点店"或"食品店"了。

以上这一变化，始于何时，我也没有考察过，不过我依稀记得，在20世纪30年代左右，北京人就不大把糕点叫作饽饽了，也不再把水饺叫作煮饽饽了。至于发生这一变化的原因，我认为（这只是个人的看法）与交通发达，在北京的南方人日益增多有关；与南方糕点在北京逐渐受到北京人的欢迎也有关系。

我在这里所说的南方糕点，更确切点说，应该说是苏式糕点。因为，南方糕点，包括广式糕点、潮式糕点、闽式糕点、湘式糕点、黔式糕点等许多种，虽然其中不少可能到过北京，但只是昙花一现，并未在北京安家落户，只有苏式糕点在北京扎了根。

苏式糕点与北京固有的京式糕点有何不同呢？苏式糕点的特点主要是油糖较重，味兼甜咸，喜用白油（即猪油）和以肉类做馅，如眉毛肉饺、肉松饼、火腿烧饼等。最初苏式糕点的销售对象，只限于在北京的南方人士，北京人却不欣赏，认为这种糕点吃不惯，后来喜爱苏式糕点的人渐渐多了起来。苏式糕点终于赢得了北京人的欢迎。时至今日，北京人欢迎苏式糕点的程度，已经超过了京式糕点，只要将西单桂香村和前门正明斋的顾客人数做一比较，便不难明白了。

现在苏式糕点店在北京比较有名的是：西单的桂香村，西城复兴门大街的桂香春，东风市场的稻香春，东城灯市口的稻香村和东城北新桥的稻香村等。

苏式糕点大约是在民国初年进入北京的。民国初年，江苏常州朱有清等共十位糕点师傅，从南方来到北京，在北京推销苏式糕点，以朱有清为首，在前门大街开设稻香村南味食品店。稻香村店名是袭用苏州稻香村的。朱有清等人都有很好的糕点技术，他们制作、销售的苏式糕点，很受顾客欢迎。1916 年，朱有清脱离了稻香村，在西单白庙胡同口上开设桂香村南味食品店，即今西单桂香村食品店的前身。

1917 年，原在东安市场（即今东风市场）摆摊出售眉毛肉饺等南点的苏州人张森隆，集资在东安市场内开设一家也卖苏式糕点的南味食品店，店名也叫稻香村，对此，前门稻香村大为不满，认为盗用了自己的店名，由前门稻香村经理汪凤卿出面，与张森隆打官司，后经人调停，张森隆让步了，将稻香村改名为稻香春。前门大街稻香村停业后，前门外观音寺又开了一家稻香村，这家稻香村在新中国成立后停业了。稻香春则一直到今天还在东风市场内营业。

张森隆和朱有清都是最早将苏式糕点及苏式小食品（如玫瑰酥糖、南糖、桃仁云片糕、玫醡粽子糖等）引进到北京的人，对北京食品业的发展是有贡献的。张森隆为人精明强干，富有进取心，除开设稻香春外，还开设森春阳食品店和森隆饭庄，森隆饭庄鼎盛时期，还兼卖西菜和素菜。张森隆晚年信佛，将稻香春和森隆饭庄交给儿子张立宏（现任东城区副区长）经营。张森隆新中国成立后病逝于苏州原籍。

朱有清也早已逝世了，他的儿子朱世杰是清华大学毕业生，曾在国民党北平市政府任职，他对经营商业不感兴趣，1941 年朱世杰将桂香村出倒给周大文。周大文是张学良将军的亲信，曾任国民党北平市长。周大文虽是个官僚，却精于烹饪之术，对食品业很有兴趣，他除经营桂香村外，还开设过上林春饭馆和新月食堂。

周大文接手桂香村以后，聘任雷绍瑜（现任西城区政协副主席、市民建会顾问）为经理。雷绍瑜同志毕业于南洋商业学校，有经营商业的学识和能力，桂香村在他多年的惨淡经营后，生意日盛，声誉日隆。今天桂香村的苏式糕点，不但赢得了北京人的欢迎与信任，就连来首都旅游的外地人士，也都争相购买，带回去以馈赠亲友。

旧北京城的房纤人

刘永禄

　　1949 年，作为解放北平人民解放军的一员，入城后，我即参加了敌逆产接收和房产管理工作。这篇文章，我想谈谈旧北京房纤人的兴起、罪恶和被取缔的情况。

　　旧北京的房屋，基本上是明、清时期建造起来的，绝大部分是组成四合院的平房，楼房只占 10.7%，且多是两三层砖木结构。东西城的平房，一般质量较好，有的格局讲究，宽敞明亮。外城、城根、坛根和关厢等劳动人民居住的地区，房屋比较破旧，有些是条件很差的危险房屋。

　　根据 1949 年 5 月前华北人民政府民政部调查材料，新中国成立前北京城区和关厢公私房产约 120 万间，其中公房 28 万间，私房 92 万间；出租房约占一半。当时，北京居民共有 41 万户，租房住的约 33 万户，有房自住的 2.5 万户，有房出租的约 5 万户。出租户中有相当多的是旗人后裔和旧官吏后代，他们中有些人与当局勾结，加上房纤手和旧营造业封建把头，利用房屋的建造、买卖、租赁，对无地无房的广大劳动人民进行重利盘剥。

根据当时的房地产情况，1949 年 5 月，军管会颁发了房地产布告，成立了清理敌逆产管理局，到 1951 年 7 月，共没收敌逆房产 8.2 万间，连同接管旧政府、商业市场、坛庙等房产，截至 1952 年末，由房地产管理局直接经营管理的公房有 184 万平方米，占全市公房的 19.2%。到 1953 年底，清查城区及关厢房屋共登记 119 万多间，其中公房占 24%，私房占 67%，会馆、社团、寺庙等房屋占 5.7%，外侨房屋占 3.3%。在此基础上，对私有房屋颁发了房地产所有权证。

在为中央和北京市党政军机关安排办公用房，为一些领导人和有关人士安排住房的同时，就制定一系列房产政策，并首先对利用房产交易盘剥人民的房纤人进行了取缔，成立了适应人民房产交易的房产组织。

说起房纤人，那确实成了北京人的一大害。清末民初北京城里有不少游手好闲的人，以拉房纤为主，专门吃买房、卖房的主儿。他们每天一早就提着鸟笼到茶馆里一坐，沏壶小叶茶，神聊起来，借以得到些买卖房的信息。

干这一行的必须能说会道，生意的成败全凭三寸不烂之舌。遇见卖房的，只要找他们一瞧，马上褒贬起来，"这房盖得不合格局""院子是个大刀把儿，不吉祥""地点太背"，等等，说得一个子儿不值，以便叫卖主儿少要一些钱，便于他去找买主。等到遇上买主儿，他们又换了一套词，"这房可是正经八百的好房，别看老点儿，可真正是老黄松木架，保您买过来就住，不用大修"。"您别看这胡同背点，但安静啊，没有车马喧哗，再说，出了胡同就是大街，交通也挺方便嘛"！总之，千方百计让你买下这所房。当你犹豫不决时，他就会说："听说他这房某某要买，您要有意，千万早下定钱，可别叫人给抢喽！"并且进一步说："经我介绍买卖房的多啦，像这样的好房，价钱又不太高的可不多见哪。"引诱买主儿从速拍板成交。

由于从事这一行当的人多，同行是冤家，他们之间既互相借助、利用，又互相排挤、拆台。因此，干这行的办事、说话都得留个心眼儿，还得有些招数。例如：有托他卖房，需要找买主儿时，绝对不轻易透露卖房的是谁，这房坐落何处。因为一旦说出去，别人就会直接找卖房的主儿，把你甩了，当然，不这样，好处费就会被他独吞。他们之间互相借助也尽量控制人数，免得狼多肉少。不过一人独得或两三个人独得的事太少了，一般成交一号买卖，至少要有三五个人至七八个人，至于大房，如王府宅第出卖时，高达百八十人。这里边还包括王府的仆人，所谓"门里头"的一份。那时有一段顺口溜："十个纤，九个空，拉上一号就不轻。"

旧时买卖房产成交时，新、旧业主给拉纤的好处费，谓之"佣金"，有个不成文的规定，即"成三破二"，就是买房的新业主拿出房价的3%；卖房的旧业主拿出房价的2%。这样，拉纤的就可以拿到房价的5%。这乃是约定俗成的惯例，从清末到新中国成立前，任何人无一例外者。另外，这5%佣金的分配还要分出大小份儿来，执笔写"卖字儿""倒字儿"的和出力较大的拿大份儿，次者拿小份儿。

买卖成交后，他们就以中保人身份，与新、旧业主一同找个饭馆儿签署契约、过款。这时，往往从他们中间找一位"秀才"执笔，先替旧业主给新业主写一张"白字儿"（卖字儿），连同"红契"（"所有权状"）和蓝图一并交给新业主验收。随后，再替新业主写一张所谓"倒字儿"给旧业主，承认交接手续已清，保证按期付足余款等项。新业主向旧业主付款后，这些拉纤的（中保人）便一一在"白字儿"和"倒字儿"上盖章画押。至此才完成了"使命"。新、旧业主为了感谢他们，便当场把房价5%的佣金给他们分了，最后，还要摆上"猪八样"

或"花九件"的酒席，聚餐一顿。

在 1949 年我军解放北平，清理房产时，发现拉房纤人已经形成势力，并且作恶多端，百姓敢怒而不敢言。他们在日本和国民党统治时期，与反动官府勾结，敲诈、欺骗、威胁、勒索买卖房屋的群众。其惯用的手法有以下几种：

1. 蒙混产权。明知该产为敌逆产或有债务纠纷，为图多得纤费，就勾串业主或亲族等蒙混出卖，事后出了纠纷，他却逃脱，置身事外。

2. 盗卖产权。这事多数全是业主因需款，由纤手介绍，把房契抵押出去，房纤再勾串放款人，用房契把房子私自盗卖。

3. 买空卖空。即发现了便宜房子，用少数定钱定下，一面借词拖延过款，一面大价转卖，凭空赚钱。

4. 包买包卖。遇到不明产价的业主，他们就极力说这房子不好，业主说出最低价后，就要求其用书面委托他人代卖，卖多的钱是他的，不能多卖时就经年累月地给耽误着，不许业主再找别人给介绍。包买也是用同样的方法。

5. 破坏成交。当双方条件已经说好，只是中费还不能满足纤手们的欲念时，就进行破坏，说这房产权还有问题或亲族们还有争执，甚至说这房风水不好，"闹鬼"等胡言乱语。事情过后，双方才知受骗。

有的房纤不是自己成交也要强捞一份，不给他便要打人。如西单后英子胡同 9 号房，原来房纤米景升去说过一次，但未说妥，后由交易所给说妥卖出。米景升仍强要纤费，将卖主打了一顿，还要无赖，强要去六匹布。

根据人民群众的投诉和我们细密的调查，逐渐查清了这批房产虫。一些大房纤不但生活阔绰，而且各霸一方，倚仗手下的流氓恶棍，任意欺压市民。北京的大房纤中便有四大霸天，又称四大金刚。东霸天是小诸葛白奎珍，西霸天是铁嘴钢牙胡美林，南霸天是铁头刘四，北霸天是坐地分赃习少明。

到 1950 年初，人民政府接受市民的要求，决定取缔这批盘剥市民的房纤人，并着手先培养一批真正为市民服务的介绍房产交易的工作干部。1950 年 2 月 10 日，成立了房地产交易所。当时全所还只有七个人，只在东华门创办了一个所。在开幕式上只准备了 80 件登记表，但第一天买卖登记便有 46 件。交易所一成立，房纤便来捣鬼，房产登记中，有很多是房纤捏造的，交易所介绍买主去看，不是找不到，便是人家买主根本不知道登记这回事。当时正在发行公债，房纤便造谣说"到交易所成交，就要扣公债"。但市民的眼睛是雪亮的，1951 年 12 月，交易所在市民的拥护下又开办了租赁介绍业务，分所也由 1 个增加到 4 个，干部由 7 人逐渐增加到 55 人。到 4 月取缔房纤时，在城内 9 个区都设立了分所，在郊区 7 个区也都成立了交易组，工作人员又从 55 人增加到 230 多人，就买卖契约的件数来看，当时已占全城区的 93%。租赁方面也从 30 多件很快增加到 800 多件。

从那时起，北京城将从明朝开始历经清朝、北洋政府、国民党时期，房地产交易中形成的盘剥市民的房纤彻底铲除了。而这个行当和名称也成了历史上不应忘记的一笔。

斗蟋蟀

費泽普

在旧社会，有不少地方的人喜好斗蟋蟀。但随着众多有闲有钱之人参与其中，以及他们的放纵和奢靡，斗蟋蟀渐渐演成赌风，而且愈演愈烈。

蟋蟀亦名"促织"，俗名为"蛐蛐儿"，大约取其鸣声相似之故。成熟的蟋蟀人约身长二三厘米。雌者有三尾，不能鸣亦不嗜斗；雄者有二尾，翅腋振之则大鸣，生性嗜斗，若两雄相遇，则出死力争胜，不至力竭声嘶、身受重创不甘败，败则即成废虫，不能再为死斗。

斗蟋蟀之风由来已久，在《帝京景物纪》《五杂俎》两古书中早有记载。其初是由广大儿童捕捉蟋蟀放于瓦盆中，饲以饭粒，饮以清水（饭水内不能杂有油盐，否则蟋蟀皮肤变黄生病），静养数日，使其体力大增；然后双方出蟋蟀放于一盆之内，以蟋蟀草或湖草撩之，对头角斗而分胜败为戏。其后因斗蟋蟀颇有趣味，唐代已有士医工商各界开始捕养角斗，且在长期观斗中得到了蟋蟀各种颜色、种类优劣、老嫩分别、斗期早迟等的初步经验。宋代丞相贾似道亦有养斗蟋蟀之癖，士大夫、公子、文人、隐士、地主、商人中也不乏嗜此者，贾还专门著述了《蟋蟀谱》。

在清朝光绪以前，斗蟋蟀者一般是在家庭私斗，双方言定以月饼若干斤或筵席一二桌赌输赢，由输方拿出上述食品共餐以为乐。至清代末叶，玩蟋蟀者日多，大致有三种人：退职官僚、地主、少爷、商人、绅士；士医工商界和琴棋书画者；青帮、洪帮、流氓、地痞、无业游民等，均趋之若鹜。此时，因私斗面感到太窄，乃发展为设场公斗，改以金钱赌博了。

在清末，全国各地尤其各大城市都设有蟋蟀场，赌博输赢亦大，所收手续费亦多。其中，安徽各中等城市所设的蟋蟀场中赌风炽盛，而合肥尤甚。合肥蟋蟀场一贯是由青帮首领们设立的。他们利用自居或徒弟的数间房屋设场，并派徒弟十余人分司捬子手，负责戥蟋蟀、收赌款、写封条等事。

那时斗蟋蟀赌博自有其规矩。首先，蟋蟀主人选出颜色当令、善斗而无病的蟋蟀，用细致无火气的旧瓦盆（据说新瓦盆有火气易灼伤虫足）盛之，拎至场上司戥人之前，再装入有孔的厚纸小盒中戥出重量收回瓦盆，由写条人写明某号若干重，加盖红戳，贴于盆外封闭。写某号者，是规定本号不与本号角斗之故。例如人居东门者写为"东字"号，居西门者写为"西字"号，以此识别。

蟋蟀戥重、写号后，再由蟋蟀主人寻觅外号蟋蟀重量相同者，双方议定斗金，向收款处缴存，再各提瓦盆到司捬人处将蟋蟀转放于高约一尺的硬纸制成的斗盆中，由司捬人说明双方蟋蟀颜色种类名称，以免混淆，这才开始用蟋蟀草或鼠须签捬于双方蟋蟀项下，使之精神焕发，振翅大鸣，张牙互斗。

开斗时如两只蟋蟀力量相等，一般是先"咬花嘴"（用牙力），继咬抵"扁担嘴"（互用头项腰力），再咬架"牌坊嘴"（用腿力站咬），最后咬"滚球子嘴"（合抱甩起），即可分出初步胜负。如是强遇弱者，则不需咬四种嘴即能决定首仗的胜败。由是初胜虫振翅大鸣，两须舞动；初败虫不鸣，两须直竖不动。至此，败方"报闸"（用硬纸片放于斗盆中间将胜败两虫隔开），使初败虫休息三五分钟起闸，再捵败虫上前复斗……如对三次头，败虫不咬而逃，就算输了；倘初败虫反败为胜，名为"反闸"；倘初胜反败虫仍有余力再将"反闸"虫咬败，名为"二反闸"，仍是初胜者再胜，不再闸斗。

双方斗罢，胜方由司捵人在纸条上盖一个"上"字红戳后，即持条向收款处领回双方原缴之款，同时付给收款处十分之一的手续费；倘是一次"反闸"胜的，则要另付十分之一；"二反闸"胜的付十分之二给司捵人，名为"捵功钱"。蟋蟀赌场便是从中不断获取厚利。

此外，司捵人更有一项收入。即他对有势力和至亲密友们的蟋蟀往往用出不公平的捵法；或予以多捵，或故意引出机会使其咬伤及踢伤对方蟋蟀，以得到取巧的胜利，又可得一笔私下酬劳。平均计算，斗蟋蟀者出十成赌本，赢者只能得到八成之数。

旧合肥的蟋蟀场全都是青帮首领们开设的，因而成为专营，每日所抽手续费少则数十元，多则一二百元。收来的银钱，设场者独得十分之二，其余八成归场内办事人平均分之（司捵人在内）。设场人坐得大利，办事人所得亦属不少。

有钱人家养斗蟋蟀颇为珍重。养蟋蟀的瓦盆每日洗一次，且勤换饮食，甚至还要给蟋蟀饮以参汤。蟋蟀每咬胜一次，则详细观看，如出力不大，隔三天上场再斗；倘出力较大，须隔五天再斗；出力太大而有伤者，则用土鳖浆涂愈，隔七天再斗。

那些富贵之家倘有一个蟋蟀斗至二三十次不败，则呼之为"将军虫"。这是喜事，蟋蟀的主人要烧香、请客，悬灯结彩，表示庆祝，附近玩蟋蟀者亦多前往祝贺。凡能咬数十次长胜不败的所谓"将军虫"，往往都是四种名嘴，即：背嘴、扭嘴、拘嘴、拨嘴。背嘴是初斗即将对方摔于身后；扭嘴是将对方扭紧不放，必出死力才可脱逃；拘嘴是将对方拖走一二周；拨嘴亦名"弹弓嘴"，即初斗便将对方抛出数寸。正因为此，主家往往视"将军虫"为珍贵，甚至它死了也要购置小银盒装埋。

民间踢毽运动趣谈

———

王立东

别看翎毛有限，身带两文铜线。

你我眉来眼去，我你两脚不闲。

这是流传于晚清时代的一个灯谜，谜底就是"踢毽"。

兴起于民间的踢毽运动一直为人民群众所喜爱。在全国很多地方都可见到踢毽，但保定踢毽技巧特别讲究，花样多、难度大、姿势美、技巧性强，而且踢毽手多为六七旬的老翁。假如你来到保定著名的古莲花池门前，不论是早晨还是傍晚，就会经常看到几位老人兴致勃勃地正在这里踢毽。那小巧玲珑的花鸡毛毽儿犹如流星飞燕，在老人们的身前背后，身左身右，上下穿梭，左右翻飞。老人们忽而用脚空转数周，一个"串腕"将毽踢出，另一位老人飞身来了个"双跪"，将毽接起。六七旬的老人竟能如此灵活机动，不能不使观众惊叹。因此，每当几位老人拉开场子开始踢毽时，总会引来许多观众，场子被围得水泄不通。

1982 年，国家举行了一次少数民族运动会。在这之前，各省、市、自治区分别召开少数民族运动会选拔具有本地区特色的项目。河北省在沧州召开了运动会，经过筛选，选出了摔跤、赛马参加比赛，并把"保定老翁踢毽"作为唯一表演项目，参加了在呼和浩特市举行的全国55个少数民族运动会。当三位老人神采奕奕地边踢着毽边走入会场时，全场轰动，喝彩不绝。

1983 年，长春电影制片厂为了拍摄一部向国外介绍我国人民生活的纪录片，来到了石家庄。河北省有关部门特意将保定三位老翁接去，拍了一组老翁踢毽镜头。此后，省电视台也为老翁踢毽拍了电视片。

踢毽运动到底起源于何时？由于它是一种民间游戏，不登大雅之堂，因而史料几乎没有记载，其渊源也就无从查考。但是从一些民间传说中，还能反映出它源远流长的历史。

据传，三国时代蜀国大将关羽领兵出征，半路上被占山为王的周仓所阻，两个人交起手来。关羽武艺超群，而周仓力大绝伦，两人交手后很久不分胜负，互相敬佩。关羽看出周仓勇中少谋，于是想出一条计谋。他对周仓说："我们这样打下去，何时是个结局，不如咱们比试力气，谁输了谁就投降。"周仓一听，正中下怀："谁不知我周仓的力气举世无双，这回你是输定了。来吧，比吧!"关羽拿出几根鸡毛递给周仓说："你把这几根鸡毛扔过大树顶如何?"周仓纵然使出吃奶的力气也扔不过去。关羽冷笑了一声："可惜呀，可惜，有勇无谋!"关羽从周仓手中接过鸡毛，插进一个铜钱眼内，用手一扔，扔过树顶。周仓目瞪口呆，跪地投降。于是，人们便把关羽此举说成是毽子的最早雏形。

传说流传到隋、唐时代，开始有了踢毽的游戏。到了宋、元时代，踢毽游戏的技巧亦随之有所提高，便出现了技巧踢毽和技巧踢球。《水浒传》中所描写的高俅踢球，说明当时民间游戏中脚上的功夫花样已发展到了一定程度。

到了明、清时代，踢毽从城市发展到乡村。踢毽的规模、技巧达到了鼎盛时期。当时，保定府风靡踢毽。明朝刘侗《帝京景物略》卷二《春场》中曾记载当时的民间歌谣："柳树活，抽陀螺；杨柳青，放空钟；杨柳死，踢毽子。"可见踢毽至少在明朝已与陀螺、空钟并列为三大民间游戏，并且已经成为季节性的广大群众的游艺活动了。

学踢毽，须从四路基本功练起。即一盘、二磕、三蹦、四拐。"盘"就是一只脚站立撑身，另一只脚不停地用内鞋帮平踢；"磕"就是用左右膝交换着去弹；"蹦"就是用左右脚尖去弹；"拐"就是用两只脚的外鞋帮轮流向外分踢。将这四路基本功学会，才能进一步学别的花样。花样会的越多，功夫越算上流。

踢毽如果不会玩花样，就不算会踢毽。我经过深入的采访，一共整理出踢毽的花样28项，现分述如下：

金丝串腕（有的地方名为"金丝缠腕"）： 串腕分好几种踢法。有"单串""双串""里串""外串"，还有"硬串"，其踢法是大同小异。"单串"是用脚腕围绕着正在落下的毽子绕一周，随即用脚将行将落地的毽子踢起；"双串"则用脚腕绕毽子两圈；"硬串"则绕三圈以上。"硬串"难度较大，过去保定尚有人能踢"硬串"，现已无人能踢。里串与外串只是串腕时，脚腕绕圈的方向不同，一个向外，一个向里而已。

佛顶珠： 用前脚尖将飞向自己的毽子一弹，使毽子稳稳当当地落在自己的头顶上，这一招叫"佛顶珠"。它要求有相当准确的判断能力和熟练的技巧。否则，毽子会落得偏前偏后，或偏左偏右，不会落到自己的头顶上。另外一种踢法，将踢出的毽子落在鼻尖上，随后用力把毽子从鼻尖抛出再用脚踢起，使毽子落在脑门上，然后用力把毽子抛出，再接踢别的花样。这种踢法，有的也叫"佛顶珠"

倒打紫金冠：这是继"佛顶珠"之后，常采用的一种技巧花样。即头往后一扬，使毽子向身后落去。同时，一条腿向后一抬，用鞋底从后往前把毽子打回三人圈内，再由别人接踢其他花样。由于玩此招时，头不往后看，因而比其他任何一招式都要求更准确的判断力。所以此招十分精彩，备受推崇。

双风贯耳：这也是继"佛顶珠"后常采用的一个花样。方法是把头一颠（上下颠），使毽蹦起。同时头向左侧歪，毽子则落在右耳一侧。再把头一颠，使毽颠起，头迅即向右侧歪，毽子落在左耳一侧。随着接踢其他花样，连贯起来，煞是好看。

前转引：这也是继"佛顶珠"之后采用的一种技巧花样。在踢"佛顶珠"后，抬起一条腿，用手扳到胸前，鞋底朝上，头一低，使毽子恰好落在鞋底上。然后用手扳住这只脚，从身前向身后转去，依靠膝盖的扭动，使腿旋转到身后时，始终保持鞋底连同毽子朝上不变，而另一腿站立，纹丝不动。这一招式难度颇大。

朝天凳：一腿独立，另一腿用脚尖接住对方传过来的毽子，然后用手扳住这只脚脖子，逐渐向上扳起，半途中一面向上扳，一面使脚上下颠簸。同时迅即变为鞋底朝上，使毽子落在鞋底上，再把脚向上扳直。另一腿独立，如同杂技演员用鞋底子顶碗的技巧一样。更可赞叹的是，老翁"朝天凳"已完，却还要保持身体姿势不变，然后"旱地拔葱"三下，毽在鞋底上丝毫不动。这个动作难度很大，非有上乘功夫，不能演此技巧。继此一招，脚再一翻，使毽子落下，瞬即用大"捌"子传出。"前转引"完毕，常常接演"朝天凳"。

仙人过桥：这也是难度很大、十分精彩的技巧。方法是：把伙伴踢来的毽子用脚尖从身前越过头顶踢到身后，头不向后看，另一只脚从身后一抬腿，用鞋底将毽子打回来。这一招式，舒展大方，十分优美。

后转引：有时在踢"仙人过桥"之后，不将毽子挡回，而是腿向后接住毽子不动，伸出与该腿同侧的手扳住腿，把腿从身后转到身前，始终保持脚底朝上毽子不动。随后接踢其他花样。

时迁拉鸡：又叫"苏秦背剑"。当对方把毽子传来时，用脚面稳稳当当接住毽子，随后将该腿向身后划弧一扬，使毽子从身后飞到身前，由其他伙伴接踢。

纺车轮：一只脚将对方传来的毽子踢起，迅速用该脚在空中绕毽子打个旋儿，眼看毽子就要落地时，若用这只脚去接最保险。围观的人也都认为踢毽人一定会这样做。但出乎人们预料，踢毽人全身蹦起，反而用另一只脚去踢起毽子。这样反复几次，真好像人在蹬着轮子转，所以叫作"纺车轮"。这种技巧难度虽不算大，但形象非常美观。

里外翻空腿：又称"里外掏空""脚打螺""套腿"等。踢法是用左脚将传来的毽子踢起，右脚在空中打一个后转，将正在下落的毽子再踢起。然后左脚在空中也打一个转，把正在下落的毽子踢起。就这样两只脚交替打转踢毽子，姿势非常优美。

海底捞月：又称"十二捞月"。用脚面稳稳接住伙伴传来的毽子，然后脚自里向外划弧把毽子向上抛，再用该脚接住，循环12次。

顺风旗：此技巧与武功中的"顺风旗"不同。武功中的"顺风旗"是双手抓住竖直的树干，使身体与地面平行。而踢毽中的"顺风旗"与它差别甚远：手什么也不抓，当别人将毽子传来时，接毽者飞身跃起，身体与地面几乎平行，用外鞋帮把毽踢出去。这是毽术难度最大的踢法之一。清末保定尚有人能踢此技，现已失传。

跨栏：当伙伴把毽子踢来，飞到身体一侧时，用脚向外侧一磕毽子，身体随之后仰为毽子让路，使毽子划弧线从身体一侧越过面部飞到身体另一侧，再由伙伴接踢。

吊裆：伸出一只脚，用内鞋帮接住传来的毽子，随即提脚至裆下，松脚放毽；另一只脚迅向裆下靠来，把毽子向前踢出。

平地翻车：毽子从对方飞来，快用鞋底接住，随后用力上踢掷过脖，身体迅速转圈，变身前为身后。另脚向后提起，用鞋底接住毽子。称为"平地翻车"。此花样完毕，再用过脖将毽子打出。

捌子：捌子种类不少，有"自由捌""舒腿捌""跪腿捌"及"截腿捌"。"自由捌"无一定规则要求，一般是全身起跳，一只腿保持不变，另一只脚快速踢向那条不动的腿的后面，用内鞋帮将过来的毽子踢出。

"舒腿捌"较难，身体起跳后，一只腿向前伸直与地面平行，另一只脚向这条平伸的腿的后面捌去，踢去落来的毽子。

双飞燕：又称"双跪"。当伙伴将毽子踢来时，全身跃起，双腿合并起跳，并向身后提双腿去踢毽子，用一只脚的外鞋帮将毽子打出。这种动作轻松舒展。

风摆荷叶：伙伴把毽子踢来，用一只脚的内鞋帮把毽子从里踢出，迅即用该脚外鞋帮再踢毽，传给伙伴。看上去真像荷叶随风摇摆一样，极富美感。

过脖：踢法较简单，但姿势优美。它是用外鞋帮踢毽，同时身体前倾，给毽子让路，毽擦后脖跟而过，又贴着身子的另一侧落下，可自己接踢，再来一个过脖回来。也可由伙伴连续接踢，循环转踢。

鸡啄碎米：也叫"二郎担山"，此法看起来很简单，但踢起来不容易。它是使一只腿站立不动，另一只腿向前伸出，用脚尖将落下的毽子弹起、再弹起，反复数次及至数十次，全身始终不动。看上去踢毽的脚腕的动作如同小鸡啄米一样。这种踢法常穿插于踢毽当中表演，而后蹦捌传出。

双啄子：也称"双蹦尖"。双脚并在一起，全身跳起一尺多高，用双脚尖将飞来的毽子踢传伙伴。

剪子股：毽子飞来后，自己把双腿交叉、伸直，用脚尖把毽子踢给伙伴。

阴阳鞋底：与"平地翻车"有近似之处，但又有明显区别。"平地翻车"是用两只脚配合表演；阴阳鞋底则是一只腿独立，另一只脚左右来回翻转，用鞋底接毽。这个动作，要求鞋底接踢必须十分准确。

空中三夺鱼：又叫"李逵夺鱼"，也叫"怀中抱月"。当毽子飞来时，蹲裆夹住，再开腿放毽，骗马踢出。

左右骗马：用左脚由外向里围绕着飞起的毽子转一圈，再用右脚从左大腿后面把毽子踢起来。用右脚由外向里绕毽一周，用左脚从右大腿后面把毽子踢起来，这样轮番几次，再将毽子传出。

五子登科：这也是踢毽中最难、最精彩的技巧之一。踢法是：地上放有五个小铜茶碗（或者是小瓷碗），踢毽人上前迈步，用脚尖一踩其中一只小碗的边缘，使碗扣在自己的脚面上，而后用脚向上一挑，小碗便飞起，从空落下，刚好正落在踢毽者头顶，然后对第二个碗也如法踢出，使它正好落在第一个碗上。其余依次类推。最后五个小碗恰好摆在一起。这时，地上至少还放着四只毽子。踢毽者用双脚跟夹毽向上一甩，毽子飞起；踢毽者紧接着用脚尖把飞起的毽子一踢，移动身体，使毽子刚好落在碗内。其余几个毽子也如法踢出，毽子都要落在碗内。踢毽者的身体既要保持平衡，使碗不致落地，又要准确地把毽子踢到碗内，因而难度极大。

铁牛拉车：踢毽者一边走，一边向后抬腿，用两只鞋底轮换踢毽，头向前方目不后视。如同老牛拉车一步一踢地向后踢着，向前走去。

以上是踢毽的 28 种技巧和名称，踢毽中的各种演技花样基本收罗在内。这些毽技在表演时没有什么顺序前后之要求，只由踢毽人灵活掌握，临时观察毽子的来势，适合用哪种技巧接踢传来的毽子，就用哪种技巧。这就需要眼睛、脑子、腿脚同时并用，反应更须特别敏捷。

由于踢毽这项民间游戏在古时不登"大雅"，因而对于古时的踢毽名人无从查考。现在只将晚清以来保定的踢毽名人简述如下：

清末民初，保定作为直隶首府，毽风极盛。著名踢毽高手有：王字街的张揖田，城北"古德行"当铺老板尹戴虹（外号"一带红"），"城隍行"（商号）的吴保三，以及居住在其他街道的吴翔林、杨海龙等；此外，还有外号叫作"石不管""火镰四"的两个人，他们的真实姓名已无从所知，只知此二人当时毽技高超。保定清真东寺的回民著名摔跤家马洛殿，不仅跤技冠绝一时，而且特别爱好踢毽，踢技也颇有造诣。这些人中，杨海龙以"硬串腕"之技最为著称，他可串三个甚至更多，而别人至多只能串两个，无人可与伦比。

民国时期，保定踢毽"据点"有王字街口、清苑县政府大门口、旧县街口、古莲池门前，以及城北"古德行"当铺门前等处。每逢回民伊斯兰节、大小开斋节这三节日或是赶庙会的日子，踢毽名手就要抖擞精神上阵献技，与其他一些民间游艺活动同时展开。当时年轻的踢毽手有王宝贵、张文华、张洛培、马宝全、田振国、张思敬、伍宝玉、吴善芝、孙振英、李凤鸣、李银钢、许寅生、尹梅奎等。他们当中有些人是少爷公子，有些人是回民或汉民贫苦百姓。他们各有所长：孙振英的"纺车轮""套腿"是拿手好戏；王宝贵以"串腕""双跪"见长；李银钢以"十二捞月"著称，许寅生的"跨栏"十分漂亮；尹梅奎的"铁牛拉车"为个人一绝；李凤鸣以"左右朝天凳"绝技独揽。

这些踢毽名手之所以踢得好，是与保定踢毽风尚的熏陶及自己的刻苦练习分不开的。其中个别人爱毽如瘾，每天必踢，简直到了如醉如痴的地步。安祥胡同（当时叫鞍匠胡同）的李银钢开着一个小商店，卖油盐酱醋，过着小康生活。无顾客时，他就踢毽。顾客来了，他就接待；顾客一走，他又接着踢起来。他的功夫逐渐达到在一米见方的面积内，毽不出圈。日久天长，他的小铺内的地面方砖，被他的脚磨出了许多小凹坑。又如张文华，是个饭铺掌柜。他每天在照顾生意的空隙时间，就把一根点着的香绑在毽上，在黑屋子里踢个不停。这样苦练的结果，使他踢毽的准确性和敏捷性达到了非凡的程度。

李凤鸣曾想向踢毽高手张揖田学踢毽，而张揖田心高气傲，不愿教他。李凤鸣一气之下，回到家里，把屋里的炕拆了，独自一人在屋子里苦练了三年，无师自通，一鸣惊人，成为保定当时的踢毽名手。他的"左右朝天凳"为当时保定一绝，他的"五子登科"，使毽迷们为之倾倒。

踢毽名手吴善芝，他的"朝天凳"更有独到之处。他能扳着"朝天凳"连续蹦上四个台阶。毽子就跟粘在鞋底上一样，稳稳当当，百无一失。尹梅奎职业是兽医，他却嗜毽如命。他独创了一种踢法，取名为"铁牛拉车"。他自己两手拉车，用脚把毽一勾，落到鞋底子上，然后人一面拉车走，两只脚不断向后翻，用鞋底轮番踢毽，人走多远，毽跟多远，可为奇观。

还有一个人住在保定大纪家胡同，他的名字现已无人知晓，只知道他的外号叫"祁老拐"（他是残腿人）。他虽然腿拐，却很爱好踢毽。他对"大捌子""双飞燕"等技巧，踢得姿势优美。

踢毽十分有益于健身。它既不像田径运动那么剧烈，又不像太极拳那么慢稳。常作踢毽运动，可以调节神经、解除疲劳，使情绪兴奋、呼吸加快，对血液循环、新陈代谢、心肺功能及消化功能大有裨益。特别在冬季，踢毽更是户外的一种良好御寒取暖活动。另外，踢毽的各种花样技巧踢法，要求身体各关节活动幅度大，对发展全身肌肉及各关节的韧性也有好处。所以，经常踢毽，对老年保健，延缓衰老，可收一定功效。如今健在的保定踢毽老翁，诸如吴善芝、张文华、孙振英、许寅生、王保卫等，他们尽管年逾古稀，却依然身板硬朗，老而不衰。一些踢毽老翁谈到踢毽的感受时说："踢毽活动以后，感到周身轻松、精神爽快、食欲增加。我们这些人中从不患血压高、心脏病及关节痛病，我们几乎没进过医院大门。"

由于保定具有踢毽的传统风尚，所以踢毽这种游戏，在保定青少年中，现在仍很流行。他们边踢边唱着歌谣："一个毽，踢两半，打花鼓，绕花线；里拐外拐，八仙过海，九十九个，一百。"当然保定新一代的踢毽技巧，由于功夫还没练到家，比起老一辈的踢毽名手差距是很大的。但可以相信保定的踢毽传统，既已后继有人，总会后来居上，不断得到发扬光大。

可慰的是，这种历史悠久的民间游艺活动，现在已经作为一种杂技搬上舞台。更可喜的是，在我国民间传统踢毽游戏的基础上，已经发展成为一项竞技性的体育项目——毽球。国家体委已决定，将毽球列为我国的正式比赛项目。"毽球"的出现，标志着我国民族体育的发展和提高。

旧北京的保镖业

吴国洋

北京前门大栅栏一带，从明朝永乐年间以来，逐步发展成为经济繁荣、商业发达的闹市区，虽历经 500 余年却长盛不衰，至今依然是北京的繁华之地所在。以保镖护院为职业的行业——镖局，也在这里兴起。它对稳定这一地区的社会秩序，保护商业繁荣、铺户的财产和人身安全起着很大的作用。那时，北京城里较有名气的八大镖局都集中在前门一带，其中京都会友镖局最著名。

镖、保镖、走镖、镖师和镖客

镖，亦称飞镖、金镖和斤镖，是古代兵器的一种。一支镖足有 1 斤多重，外形略似扎枪头。镖头尖利，用钢锻制磨砺而成，是一种用手投掷的暗器，可以伤害较远距离的对手。过去，凡是干镖局这一行的人，都练就了使镖的过硬功夫，长此以往，"镖"就成了保镖行业的代名词。后来，随着社会的演变，"镖"的含义更演化成了被保护的对象，贵重货物、金银珠宝、大宅院和重要人物，都被称为"镖"。保护这些对象的人，就称为"保镖的"。随着社会的发展和经济交往的频繁，为避免货物横遭沿途盗匪的抢劫，确保货物的安全，货主需要雇用一些武艺高强的人来保护，于是保镖业应运而生。起初是一些颇有武功的人，自备手推车住在客栈里亮出替人"保镖"的牌子，等候客人雇用，待讲好条件后，便可装货随主人推车上路。货物安全抵达预定目的地后，他们便可得到一定的报酬。这就是"保镖业"最早的雏形，或称为"跑散镖"的和"跑游镖"的。后来众多情投意合的武林兄弟组织起来，合伙立个字号，备有马车、轿车，专为客户运输贵重货物，这就形成了"镖局子"。

镖局的业务，大体可分三大类。一是"走镖"，它是镖局的头号买卖，用现代语言来描述，就是"负责押运"。《水浒传》中有一段蔡京的女婿梁中书给老丈人送生日礼物，怕路上被"盗匪"抢劫便派青面兽杨志押解生辰纲的故事。不过，那是"官运"，而"镖局子"则完全是民间的组织。最早走镖用的是手推车，称为"镖车"。车上装货以后，还要插上"镖旗"。"镖旗"分不同颜色，代表各镖局的字号，江湖上的人，只要一看镖旗便知道是哪一家的镖车。后来手推车换成马车，保镖人全副武装骑马跟在车后，镖车起程和遇到歹人拦劫时，保镖人照例要"喊镖"（即用特殊的声调和语言，喊出镖车的去向，自己是哪一家镖局的镖车，保镖人姓名等）。到了民国年间，保镖人干脆连马也不骑了，改为随车"保驾"，有点儿像现在的火车押运员。保镖人肩负重任，一路上不得有半点儿疏忽大意，因为货物一旦有什么"闪失"，镖局要包赔损失，若货物很值钱，整个镖局的财产都有可能赔进去。可见保镖风险甚大，不但有倾家荡产的危险，还随时都有性命之忧。

镖局业务的第二类，是被雇用替官僚、富商、财主以及外国人在中国办的银行商号看家护院，防盗防劫，行话叫作"守地"或"坐夜"。当时，北京的一些公共场所，包括宝局（赌场）、娼寮（妓院）等常乃是非之地，都花重金雇有保镖，以示弹压，维护秩序。

镖局业务的第三类，就是承担保卫某些官僚、富商、政界要人的人身安全的工作，行话称为"跟班儿"或"护身"。

镖师，是指在保镖生涯中，有较深的资历、丰富的经验、超群的武艺，在江湖上颇有名气和威望，如遇"不测"则能随机应变的人。也可以说，镖师都是属于"师父级"，可以带领部分人独立完成保镖任务的成手。有句老话叫作"走镖吃一线之地，护院守一箭之地"。就是说，保镖的要靠自己的功夫打出来一条路线，要靠自己的武德和名气结交出来属于自己势力范围的一块地盘。

镖客，则是对从事保镖行业人的统称。但有时往往专指那些年纪轻、资历浅、武艺尚不成熟，保镖还缺乏足够的经验，不能独立完成保镖任务的徒弟和学手。

保镖业及京都会友镖局

镖局作为北京的一种行业出现，大体上说当在清代。那时，进镖局子并不是一件容易的事儿。北京城乡练武的很多，能在镖局谋事的却寥寥无几。要想进镖局，一要有超群的真功夫；二要有可靠的武林高手出面介绍；三要有知根知底的人做担保；四要有不怕掉脑袋的胆量。四者俱备，才能吃上保镖这碗饭。

在镖局谋事比较其他出卖苦力的劳动，按说是比较舒服的事。只要别出事，保镖每月可挣四五两银子，年终柜上要是赚了钱，还可以分点红，自然是"当家的"吃头份，一般人分不到多少。而外出"走镖"和"护院""跟班儿"的人，还可以捞点"外快"。赶上雇主是个慷慨解囊仗义疏财的主儿，要是一直顺顺当当不出什么事，或是在保镖过程中保驾脱险有功，还兴许赏保镖的一些银两，10两、20两也是常有的事。此外，镖局的内部关系不像一般做买卖的那么刻薄，都是在一起"玩命"，没有严格的等级制度和高低贵贱之分，因彼此不是师兄弟，便是师徒关系，说起来也都是一家人，讲究哥们、爷们义气，不至于为分钱多少之事而扯破脸皮。不过镖局里也有一套大家自觉遵守的局规。没有差使的人员一律在局子里等候差遣；白天在柜上，除了吃饭的时间之外，就是练武；到了晚上，该"坐夜""守地"的便纷纷到各家商号守卫去；若派到谁去"走镖"，谁就得去，就是有天大的危险，也要义不容辞，不许推三托四，等等。

京都会友镖局坐落在前门大栅栏粮食店街南口路西，方圆几里之内店铺林立、商贾云集，凡到北京的人，提起来都知道京都会友镖局的大名。

京都会友镖局于1845年创立。创始人宋彦超，字迈伦，河北省冀县赵家庄人氏，江湖上称为"神拳宋老迈"。宋彦超自幼受伯父宋奇斌（武庠生）和堂伯父宋奇彪（武举人）的教诲，9岁学武，练就了一手刀、弓、马、步、箭、拳术，20岁中武举。他遍游名山大川，后遇武林名家乔鹤龄，投于乔的门下，习"三皇炮捶"拳械。乔鹤龄辞世后，宋迈伦闭门三年深研拳路，独创"夫子三拱手"绝技，后来进北京投"大清神机营"效力。由于他武功超群屡建战功，被钦赐五品顶戴。宋迈伦英风侠骨为人豪爽，善于交结天下英雄好汉，深受武林人士的敬重，在众朋友的拥戴下，由宋牵头创立了"京都会友镖局"。"会友"即含有以武会友、取信天下的意思。

会友镖局之所以享誉北京城，一是因为它规模大、人数多；二是成立时间较早，经营时间最长；三是讲究信誉深孚众望；四是富有爱国精神。1860年英法联军入侵北京时，宋迈伦曾率领会友镖局的众弟子为保卫前门大栅栏重要商业区而付出过血的代价，被世人传为佳话。

宋迈伦在京期间曾授徒百人。上至王公大臣，下至贩夫走卒，他都有教无类一视同仁。他心授其德、身传其艺、人得其惠。他的弟子孙立亭、焦凤林等曾被聘为著名爱国者、中国铁路工程奠基人詹天佑的贴身护卫。宋迈伦后与八卦掌的创始人董海川交为莫逆，他们重视武德修养、珍惜友谊、互授弟子、志节清高，被人们称为北京武林中的两大奇人。

会友镖局汇集着燕赵和京城的一些武术名家、武艺出众的镖师，给会友镖局平添了许多光彩。宋迈伦年迈后，返回冀县老家休养，镖局的事便由其高足孙德润、张殿华、于鉴继承。当时，南北各地挂"会友"牌子的足有二三十家，属镖局介绍的走镖、护院和人身护卫的师兄弟、师徒有千余人。可是常在镖局柜上看家的只有20余人，有总管事的照应门面洽谈业务，镖局里的人管他叫"当家的"。当时在张家口一带设有会友镖局的分号，专走西北路镖，人称"北会友"；在河北省冀县马头镇也设有一个分号，专在滏阳河一带走镖，人称"南会友"。按镖局的规矩，镖局本号与分号是师兄弟或师徒关系。南北会友镖局走镖数十年从无"闪失"，因而威名远震，深受客商行旅的信赖。

会友镖局有个不成文的协议：不管你原来练过什么拳械，只要进了"会友"的门，就必须演练"三皇炮捶"拳械，把此列为"会友"的看家本事。何谓"三皇"？其说不一。一说是指"三才"，即天、地、人；另一说是盘古开天地之后的"三皇"，即伏羲、燧人和神农。在北京流传的"三皇炮捶"皆为宋迈伦及其弟子于鉴所传，后来又逐渐演变成"宋派"和"于派"两个门户。当时的"三皇炮捶"门人多云集于北京和南、北会友镖局。他们以武会友切磋技艺，为发扬和繁荣中华武术而共同努力，深受华北江湖武林同道的赞誉。后来，老镖师于鉴应聘赴山西太原，孙德润、张殿华老一辈镖师也相继去世。镖局业务便由江湖上称为"四大亭"（又称四大金刚）的孙立亭（孙德润之子）、王兰亭、王豪亭、王显亭共同掌管。他们团结同道，以德为本，以信为上，各尽其责，继承了老一代镖师的遗志。于鉴镖师到山西后，在比武中多次击败当地的武林高手，还曾用单掌击倒过阎锡山的副官长、武术教练李德茂，因而名震山西。后被推举主持太原国术馆，同时在山西省定襄县河边村任武术教习，直到 1938 年与世长辞。

于鉴武术造诣颇深，在京期间传授弟子甚众，其弟子大都集中在前门大栅栏、珠宝市、西河沿、肉市及永定门内外等处。其中著名的有：铁罗汉王福全、大刀陈永清、大刀刘德胜、大枪侯金魁等。他们继承了会友镖局的技业，配合镖局"管事的"四大亭，为维护"会友"的声望和信誉，为保卫北京前门一带的社会秩序和经济繁荣做出了积极的贡献。在民国六年（1917 年），张勋复辟打进北京，辫子兵四处烧杀抢掠，而前门外大街因有"会友镖局"的威名，又有众镖师分兵把守，辫子兵硬是没敢进入，使这一带商贾免遭一场劫难。

北京镖局业的尾声

1937 年，卢沟桥畔响起了枪声，北平很快沦陷于日军之手。在敌人的铁蹄下，到处兵荒马乱，烽烟滚滚，人民饥寒交迫流离失所，华北经济日益萧条。北京前门一带的商业也每况愈下，普遍呈现不景气，镖局门前更是生意冷落，越来越没有事情干。于是，会友镖局在 20 世纪 30 年代末正式宣布散伙，原镖局旧址改为货栈。镖局的镖师、镖客们也自谋生路各奔前程，年纪大的回家养老，年轻的分散到华威、金城、中南等银行、八大祥商号，以及"大人物"家当护院保镖和贴身护卫去了。

从此，镖局行业一蹶不振，逐渐从人们的记忆中消失。

新中国成立后，原京都会友镖局的最后一代镖师，受到人民政府的重视和关怀。他们又重返武坛，为振兴中华武术而活跃在城市和农村。他们悉心传授技艺，为武术的繁荣而竭尽全力倾注自己的心血，使中国武术这一古老的民间技艺得以发扬光大，世代相传。

漫话洛阳古玩行

吴圭洁

洛阳古玩业的出现

洛阳是古时东周、东汉、隋、唐等九个朝代的京都，还是西周、西汉、北宋、金等朝代的行都或陪都，因而给后人留下了许多有价值的文物和古迹，如举世闻名的龙门石窟、我国修建最早的佛寺白马寺、周代的王城等古文化遗址和数不尽的历代陵墓。可以说，洛阳是一所名副其实的历史博物馆，也是祖国的一个地下文物宝库。

自东周建都洛阳到北宋年间，历代帝王将相、显官贵宦和学者名流的陵墓多葬在洛阳平原和北邙一带。据史书所载，帝王陵墓有周朝的灵王、景王、悼王、定王，东汉的明帝等，名公巨卿和学者名流墓有苏秦、芘宏、吕不韦、贾谊、关羽、石崇、狄仁杰、裴度、白居易、寇准、吕蒙正、"二程"以及邵康节等。当年有俗谚云"生在苏杭，死葬北邙"，足见人们视身葬此地为幸事。后来随着岁月的流逝，该处葬墓不断增多，致使有了"邙山无卧牛之地"一说。新中国成立前后，在洛阳出土的晋、魏、齐、隋、唐、宋墓志，据不完全统计，就有 4000 余方，没有墓志的殷、周、秦、汉墓葬及晋以后各代墓葬数目就更多了。在洛阳，几乎是一动地层就能发现古墓，并且往往是上层有晚期墓葬，下层还压着一个早期墓葬，或者是后期墓道凿穿了前期墓室，如此二层、三层重重叠叠的现象，屡见不鲜。这也是洛阳古玩业得以出现、生存、发展的重要缘故。

清朝末年，洛阳即有古董铺多家，其中以方氏开设的"会友斋"比较闻名，金银铜铁器、珠宝、玉器以及日用品均在其买卖范围。那时店家的经营方式多是"守株待兔"，只要能做上一次好买卖，就够吃上两年。据闻在光绪末年，洛阳东郊回族聚居的塔湾村清真寺东边，出土了一批周代铜器，有鼎、樽、爵等数十件，村人以破铜价按斤计算卖给方氏，价钱不过几两银子，可是他一转手就卖了 1000 多两银子，可以吃上十数年。

至清末民初，开始有北京古玩商人来洛阳收购货物，最初来的有康子英、赵梦松、焦雨亭、王汉章等人。他们住在城内县前街（今民主街）谢家老店内，所收购的多数是陶器（洛阳俗称瓦器），有蓝胎陶器、白胎陶器、唐三彩等。

洛阳人发掘古物，最初并不是有目的地发掘。如民国初年，洛阳北乡郑家凹村（现属孟津县）乡人因需用烧柴，在沟底挖掘树根时，挖出唐三彩五六件，就进城卖给了北京古玩商人；隔了几天又挖出几件，再拿去换钱。就这样，挖出就卖，卖了再挖，村民们先后在同一坑中挖出有五六十件，几次共卖得百十元钱。还有的是因沟塌崖崩露现陶器，可那时的人迷信，认为是不祥之物，不敢拿回家中，就放在村内庙堂。后来听说有北京人在城内收买这类物品，就有人将东西偷走，拿到城内去卖。不久，庙内东西盗卖一空。于是一些游手好闲、不务正业之辈由此作引，为贪图钱利，到处挖掘，北乡数十村庄也先后互相效法起来。初时挖掘的人少，技术也低劣。后来从事此业的人多起来，在工具和技术上不断有所提高，出土文物日渐增加，相应的从事收购转卖的商人也就多了。于是一种专门经营古文物的行业渐渐形成了，蕴藏在地下的丰富文物被大量挖掘出来，遭到了不应有的破坏。今日细想起来，实感痛心。

古玩行全盛时期

郑家凹村周围十几里内各村子（现均划归孟津县）初时所挖出的东西，以陶器为大宗，铜器（除镜子外）次之，金银等器则属少见。就陶器来说，以隋唐时代的黄釉陶、白胎陶、红胎陶、蓝胎陶和唐三彩为最多，汉魏陶器很少见。约七八年后，挖掘地点延伸到马坡、李家村，出土的除陶器外，还有殷、周铜器。北窑村、塔湾不仅出殷、周铜器和玉器，偶尔还出些宋代瓷器。20世纪20年代中期，洛阳四郊成立民团、红枪会等武装组织后，乡间枪支多起来，就更助长了挖掘之风。从此，人们就从夜间偷偷地挖掘，变为白昼公开挖掘了。那时，北乡和城郊东乡、塔湾、史家湾、杨凹、凹杨、张胡同、马坡、小李村、北窑，一直到东关泰山庙门各村庄，每日田地里人们来往如梭，老幼皆赴，盛于赶庙会，而且日夜不休。挖掘现场，触目皆是；摊贩林立，棚帐遍设；古玩收购商人，不绝于途。耕地被践踏，田禾被毁，洛阳古物大量被摧残破坏，以此时为最甚。古物市上的每日成交额，往往达数千元至数万元不等。这时，从北京来洛阳收购古物的商人有康子英、焦雨亭、王玉昆、杨忠礼、李筱亭、张允吉、程建侯、刘魁英、董儒等，开封赴洛的商人有穆培田、庞子绥、许聘卿等，开封商人孙次堂则索性在洛阳落了户。洛阳城内本地商人投身于古玩行业的，亦如雨后春笋般地出现。

早期的古玩商人到乡间买一次东西，往往要拿出数百或数千元。这些资金是每个商人都能拿得出来的吗？不是的。他们中的百分之八九十都是先在乡间把东西谈好，再回城内想法子凑钱。有的商人和银号素有来往，在洛阳借用银号的款子买货，俟到上海或北京将古物卖出后，再将款子在外地交还银号的办事处，并付以利息。当时洛阳的银号有荣太昌、义太、晋太、汇丰等。还有一种商人的款项是用月息"大三分"（当时一般借款利率是百分之一或百分之二，"大三分"指利率为百分之三）向放高利贷者借来的。放高利贷的人看到古玩商人用钱紧急时，甚至把利率提高到四分或五分。那时放高利贷最著名的叫于仲雅，但他后来看到做古玩生意比放高利贷更有利可图，就干脆也做起古玩生意来了。除借高利贷者以外，另有的古玩商人是找某些富户或商号搭股或与本行有钱者搭伙。总之，古玩商人去乡间买东西时，不管手中有钱没钱，见到有东西值得买就买，买到手后再设法弄钱。所以当时有人把早期古玩商人叫作"鹰眼兔子腿，穷身子富嘴"。"鹰眼"，是说买东西时要看得真，认得准，否则会买成假货或仿造的东西；所谓"兔子腿"，是说听到哪里出了东西，就得飞快地赶去，否则就叫别人捷足先得了；"穷身子"，是说早期古玩业的人多数都不是富有之家，买到东西后还得东拼西凑去弄钱；"富嘴"，是形容古玩商人嘴硬，虽然手中没钱，也不说穷，没有钱也敢买，该添钱时就添，毫不在乎。有时，有人在业务上出了意外，如本金亏损，或被官府将东西没收，或被罚款，同行的人也说："不算啥，将来卖东西时'硬硬嘴'就回来啦。"所谓"硬硬嘴"，乃是指卖东西时坚持不落价。古玩行当时还有一种规矩叫"开张"，是指古玩商人看过东西认为不好、不愿要时也得拣件小东西，出个相当好的价钱忍痛买下，不然卖方下次挖掘出好的东西时，就不再约会这商人去看货了。

约 1927 年冬，挖掘古物之风又移到东乡金村一带。在那里挖掘到一座战国后期的王侯大墓，挖出金银器几十件、玉器百十件、铜器几十件。因这一带刚开始发掘，城内古玩商人离这里又远，村人就将金银器拿到郑州卖给银楼；铜器、玉器直到次年正月始以 2000 多元价钱出手。此后两三年内，这地方发掘出了战国晚期的帝王和后妃大墓七八座，还有许多其他古墓。金村顿时成为洛阳古玩行业的重点收购地方，客商往来不断，一聚就是二三十人。这时村里的张资美、张锡卿、王道中三人，除将东西卖给北京、上海客人外，还勾来加拿大人怀履光，使他从我国套购去大量有历史研究价值和高度艺术价值的玉器及金银铜器。张资美等人就此发了横财。当时金村街有个顺口溜："金村街，三富翁，资美、锡卿、王道中。"此外，金村还有三个强梁之人，即张澜堂、张实甫和马甲子，人称"金村街三家什"（洛阳人叫有权有势的强梁人为"家什"）。其中马甲子因霸占坑内出土的小件精美东西，和勾结张资美等人在卖出东西时从中"吃黑"（"吃黑"系在正价外单独再得些钱），也发了大财。他在吸食鸦片烟时，随手便拿出一张 5 元或 10 元钞票揩烟盘子，其腐败奢侈情形可以想见。

加拿大人怀履光是基督教圣公会河南教区第一任主教，曾在洛阳大中街设立圣公会教堂。1931 年前后，他从张资美等人手中套购去的古物有数十万元，这些东西除售到美、日两国外，另一部分运回加拿大，现藏于多伦多博物馆中。他本人还曾亲自到金村勘察，在汉魏故城遗址中又发现有古墓，并写了一本《洛阳古城古墓考》。日本人梅原末治也根据流入日本的金村出土古物，著了一部《洛阳金村古墓聚英》。自此以后，洛阳北乡和东北乡有形可见和湮没在地下不可见的古墓，多被盗掘，余洛阳西乡平原和西北乡山岭地带还不曾正式挖掘过。待有人在这些地方开始挖掘不久，洛阳即获解放，这些地方的古墓才得以保存下来。

挖掘古墓的人，惯于浮华生活，且多吸食毒品。他们为盗窃金银财物，也常在夜间偷掘新墓，一时令城内墓主去乡间修理坟墓者络绎不绝。当时唐寺门村与北窑村之间，有一史氏坟墓被盗尤惨，史之子孙不得已在墓地上立石碑一块，上刻"此坟已被掘九次，请勿再光顾"，以为即可制止，岂知仍归无效。我的先祖父母的坟墓也被盗过。

古董铺的类别

"古董铺"三个字，是旧社会的人们对古玩类生意的总称。实则内中分门别类，是不相混淆的，经营类别约为"红绿货""软片""硬片""绣花地毯""古钱图章""金石文玩"，等等。

"红绿货"系指宝石、珍珠、翡翠、玛瑙、珊瑚以及松绿石、琥珀等物而言。

"软片"者，就是字画、古书、碑帖（有时古书字画与碑帖各自独立经营）。

"硬片"者，乃指宋、元、明、清各代瓷器。

"绣花地毯"，是指古代的刺绣品、缂丝、地毯、椅披、桌裙、袖头等。

"古钱图章"，指出土的古代货币和古代官私印鉴、名人图章。

"金石文玩"者，便指古代铜器、玉器、陶器、古今名砚，以及供陈设的一切艺术品，如竹制品、象牙雕刻，等等。

以上几类的经营店铺多是在大都市中，如北京的琉璃厂、廊房二条，上海的交通路和古玩茶楼等。其他外地省会地方，也有一种名为古董铺的，只是收售物品不分种类，甚至日用杂品也在经营之列，实际上是一个"破烂"铺子。而洛阳的古玩行业是以另一种姿态出现的。它的业务是专收新出土的文物、铜陶玉器，与一般所谓古董铺就有区别了。古玩行业中还有一种被称为吃"邪道"的人群。这班人常在山西等地寺院内，专以寻找盗窃年代久远、有艺术价值的泥塑或木石雕刻佛像人物以及壁画为业。其偷运方法是，小件的随身携带，大的伪装于箱内偷运。曾有一个叫董玉亭的人，在山西偷到一尊大石佛，装入棺木内，冒充死人运至洛阳出售。

古玩业的"伙"

由于资金等原因，洛阳的古玩行有不少是合伙经营。合伙的形式约可分为以下几种：

东伙关系　即掌柜与伙友的关系。掌柜当然是操纵大权的东家，伙友则系雇员，工资微薄，一年约二三十元之谱，年终奖励金亦微不足道，徒具美名而已。伙友大致是本号出师的学徒，照例升为伙友；或由别人推荐来的；再就是挖别人墙脚弄来的。挖墙脚者，就是看到某家某伙友能干，即用比他原工资稍高的代价诱引而来。如马坡村张凤梧的伙友高铜元，即以这种方式从"庆云斋"古玩店挖去的。

死伙　就是各人所出资金相等，权利平等，赔赚平均分担，无有东伙剥削关系。如果发生利害冲突，各方必须将手续算清，互无干连时，方可各自自由买卖。采取这种形式的，北乡井沟村有"三公司"，城内有"八公司"，以及东乡金村的张资美、张锡卿、王道中等人。其他两三人暂时结成死伙而时间不长的还有许多。

活伙　也叫"碰伙"。平时各做各的买卖，偶尔在买东西时碰到一起，临时在一宗买卖上结伙，卖过货物，利润算清后，即各不相干。结伙人数少则二三人，多则二三十人，人数多少与出土文物件数多少和能否保守秘密有关。二三十人的大伙，多系到的人多，在购买时相持不下，又不便由某人单独购买，只好来者都有份。如 1946 年，洛阳北乡南陈庄掘出有八匹唐三彩飞马和其他东西，城乡古玩商人闻讯即云集该村，都想买到手。由于谁也不能独自买去，后经各方婉商，由城内任绍棠认股一半，其他众古玩商人认一半，方才解决。这种活伙，聚散自由，又不影响各人其他业务，是以多为人们仿行。但其也有弊害，如因货物一时难于出手，资金积压，不免有人急于用钱，不能等待，解决办法就是经过大家协商，将东西归于一人或少数人。这又有两种情形：一种是将东西全部归于资金雄厚些的人，其他人只得回原资金或者稍微赔点儿，或多少赚点儿；另一种是某人认定此货可以高价出售，不忍放手，这时他除归还他人原资金外，还须再给相当补贴。

搭伙　这是一种特有的形式。如某甲买到一物，某乙见到后也表示愿算一份，或因二人交情深厚，某甲先说："你也算一份吧。"这种情况有对半儿出资金的，也有一方不拿一文的，东西卖出后双方平分利润。这种形式虽是合伙中的一种，但为数很少。

看土色与洛阳铲

提到"看土色"和"洛阳铲"，古玩行内的人都熟悉。

所谓"看土色"，就是看看土的颜色，用以判断它是老土还是活土。老土即是古代至今没有动过的土；活土是已被后人挖动的土，然后又填上，内中混有他土，年代已久，不能化合，成为一种颜色杂乱的"五花土"。有经验的人，一看土色，便能区别何者为老土，何者为活土。一般情况，在活土下面多有古墓，再经过四周的测探，把墓的大小、位置、形状等搞清楚后，视墓道形式不同，就能判断是何朝代的墓葬。

洛阳人起初不懂土色，也不知古物能够卖钱，只是有时由于水冲、沟塌、挖窑、掘土等，偶尔出些古物。后来有古玩商来收买，乡人始知古物能够卖钱，遂于农闲之时以钢锨铁铲在沟旁、塔边到处乱寻。开初，人们看到有墓道形迹者就挖，后来发展成看到有些相似的情况也挖，对何种土内有古物根本不知道，即令挖到古物，也不会联想到看土色上。往后经过不断挖掘，经验不断丰富，才逐渐懂得看土色。

"洛阳铲"，现今已是建筑工地探测地下情况的主要工具。洛阳于民国初年开始发掘古物时，所用掘土的工具是普通的钢锨、铁铲。这些工具效率低，而且只能供发掘用，对于探地下情况、取土样就无用了。现今探查地下情况常用的"洛阳铲"，是在开始知道观看土色时才应运而生的。起初所用的铲，是卖水煎包子的人的搭棚工具，形状也和今日所用的"洛阳铲"不同，提土少，用起来笨拙，土样少了还容易和铲上的原土相混，也不能探入深处。后来经过多次改进，始有今日"洛阳铲"的出现。据说在 20 世纪 20 年代，洛阳北乡马坡村有一人名叫李鸭子，先将祫褶制成筒瓦形状，叫一精巧铁匠照样打成铲子，上装一根白蜡木杆子，可探三四米深，如需再深，即在杆头上穿一长绳。这样几经改进，便成为今日建筑工地上普遍使用的"洛阳铲"了。"洛阳铲"名称的来源，据说是一次在安阳发掘文物时，用的是源于洛阳的这种铲子，人们即命之为"洛阳铲"，嗣后各地也都顺着叫开了。

挖掘古墓"班子"

洛阳人起初挖掘古物，既不经常，也不敢公开挖掘。只是两三人一商议，白天窥察地点，晚上挖上一夜或半夜，若挖出东西先偷着放在某人家中，次日邀人看货；有时城内客人碰巧到村或本村就有人收买，卖出后将款按人数平均分配。这是最初的简单组织形式，利害均担。

及至后来，挖掘人多了，其中不免良莠不齐。稍为能干或有点儿势力的，找一些年轻力壮而软弱可欺者组成班子，本人也随班参加挖掘，且可指挥别人，掌握东西，找人卖货。他大权在手，得到的贷款也总比别人多分些。这是另一种组织形式。

再一种是本村地富老财或掌权的村长、保长等想发大财，也来组班。他们只拿出一点儿钱，购买些挖掘工具及蜡烛等，就驱使本村穷而可欺的人替其出力挖掘，挖出东西也毫不客气地拿到自己家中，卖货、论价全凭个人决断，卖多卖少任其言说，事后随便拿出些钱来分给挖掘人了事。

还有一种，是由少数人组成班子，与某个或某几个古玩商人接上关系，一切工具、用品、饮食、纸烟、毒品（有的掘墓人吸毒）等全由该古玩商人供应。但挖出东西后，该古玩商人有优先购买权，价钱也比别人买要便宜得多。假如这个（或这几个）古玩商人不要，方能卖给别的商人。如洛阳东北郊马坡村张凤梧供的"班子"，有一次挖出了两个三彩罐，因夜间灯光不亮，又兼罐子满身泥土，只按普通罐子价值给了100多元；及至次日将泥土洗过一看，彩色不但漂亮，而且还带蓝彩（唐三彩带蓝色的为最珍贵之物），嗣后竟卖到2000多元。

又有一种，是临时性的大班子。如发现有规模大的陵墓，非少数人力所能及者，就往往由当地恶霸几人出头组班，少则数十人，多则百十人，从事发掘。所用工具均由掘者自备，饮食、纸烟、蜡烛亦需自筹，可挖出东西却由恶霸们独揽，参加挖掘者所得极微。即令班子头目"开明"些的，也不免从中"吃黑"，贪污多占。倘若发掘多日，一无所得，挖掘者即算白白出力。如1926年腊月，西郊孙旗屯村在周山发掘传说中的周灵王陵和东乡金村的几次大发掘，多是采用这种形式。

古玩行的"掮客"与行佣

古玩商形成行业后，也和其他商业一样，专有从事报信、撮合的人，上海称这种介绍人为"掮客"，北京则叫"拉纤"，是专门以此为职业的商业介绍人。北京最有名的拉纤有李竹君、张仲明，后来又有邢普明、罗九芝，末期又出来一个魏少坡。上海有名的掮客如金恒昌、金才宝及古玩茶楼内的"八公司"。金才宝之子金重一后来做了古玩商人，致富数十万元，后在香港落户。

在北京、上海卖货有两种形式，一种是"卖公盘"，一种是"卖私盘"。"卖公盘"是货物运到后，由掮客通知各古玩商，定期在某处公开买卖。人到齐后，卖主将古物取出一件，让大家看过，提出卖价，客人还价，谁出的多就归谁买去。这样一件一件地卖，卖完为止。这种卖法对卖主是有利的。人缘好些的卖主，一经熟人从中起哄，即可将价抬高，还不致被某买主垄断和压低价钱。一般初上行，带的东西多或不甚识货的卖主，多用"卖公盘"的方法出手。如洛阳吴文道到北京卖货，带的东西往往是十几大箱或数十大箱，所带陶器新老皆备，如不采用"卖公盘"的办法，很难有一人能一下把他的东西买完。开封客人到上海卖东西，也多采用"卖公盘"方式。然而，"卖公盘"的多是不贵重的古物。上海有名望的大老板吴启周、叶叔仲、席少卿、程秉泉、马长生等，均不屑去"卖公盘"场合，怕失其身价。

所谓"卖私盘"者，方式简便，而且隐秘。即货到后货主先和某掮客商议卖与某人合适，然后由掮客专约某人来看东西。这种方式可替买卖双方保密，还可由掮客从中撮合，免成僵局。但对卖主来说，不利之处是往往被买主压价，或时间一长，大的买主都看过了，还无人买，就不好脱手了。所以，北京本地商人多不采用此种方式。洛阳出土文物大多珍贵，出外卖货多用此方式。

行佣，是买主给介绍人的佣金，以酬谢他的跑腿和说合之劳。其他行业也有佣金，但不普遍，独古玩一行，每次交易都有说合人，佣金是没有一次能够免掉的。古玩行的行佣是一成，即百分之十，每百元的交易必付给掮客 10 元酬谢。若一次成交数万元大额，掮客收入佣金就可达数千元。古玩行的掮客，多系原古玩业商人，因怕担受买卖亏本的风险，不再自己买卖，又因业此行已久，已是内行，经常为别人说合介绍，以专吃行佣为生。

古玩业中的"以伪乱真"

洛阳北乡南石山村（现属孟津县）高理财之父，系烧窑匠人，常赴晋南各县为人烧釉子活，供应各庙宇修建屋脊之陶兽，精巧绝伦，久负盛名。后年老力衰，退居家乡，做些小活维持生计。我小时即听到他曾做过一个"龙门全景"模型，异常逼真，轰动一时。看到唐三彩不断在北乡一代掘出，能卖好价钱，他就动手仿造，经不断改进，做出的仿制品居然看上去无懈可击，能冒充真品出售。此举引动了常跟他出外做活的人也动手大量仿制，高松茂、高松岭兄弟等就是当中的高手。他们不但仿制，而且还会修理补配破碎陶器，凡经其手，即完整如初，能鉴别真伪的老行家，一时稍不留意，也能被其骗过。高松茂的哥哥高松生，即曾把高松茂亲手烧的三彩罐子误认为真品收买。一日晚上，已另居他处的高松生回村，在路旁见到同村人手持一个唐三彩罐子从地里回家，经一番端详，即以 600 元买到手。次日他持罐往见高松茂，欲以炫耀。高松茂看了再看，最后称系己制。高松生大为不然，认定无人能仿制成如此佳品。高松茂由其室内佛龛中取出一块陶片，往罐口块陷处一对，处处紧严密合，这才使高松生舌翘，惊讶不已。嗣经高松茂说明系罐子出窑时一不小心碰掉了一小块,高松生方知受骗。还有人从他们那里买了一匹唐三彩马,因马身上泥土太多,欲放在水盆中冲洗冲洗,结果马不见了,用手向水中一摸,竟成一堆瓦片。这就说明了他们修理技巧之高超,可以整旧如新,蒙人眼目。

洛阳北乡小梁村的董月轩及东乡孔家寨的焦云贵仿制的金银器物,同样可以乱真,焦云贵在东街开银匠楼时,吴文道用100多元买到一个1尺2寸大的唐镜,一切均好,就是因无花纹,难售高价,即托焦为之加工,以300元代价作成一个金壳子。吴文道携之赴京,在火车上遇到上海客人叶叔仲亦往北京,吴当即将金壳子唐镜以1.2万元卖给叶。成交后,吴文道欢喜过度,车至长辛店他再也坐不住了,下车即狂笑不已,遂雇人力车前往北京。途中他仍坐不安稳,时而跳下车来打几个"彩脚",蹦蹦跳跳,或独自大笑一阵,然后登车再走。赴京几十里路中,就这样弄了好几次,使车夫与路人莫名其妙。事后很久,一次吴文道在北京生意亏本,一说话就带哭腔,先父就安慰他说:"你忘了在长辛店下车打(彩脚)的事了吧!"

除此之外,赵培荣雕刻仿造三代玉器,在洛阳古玩行是独一无二的能手,但他不以此为业,只兴致时偶一为之而已。李吉甫是修配铜器的能手,经常用各种破铜片,按照各种形状,拼凑出各类古物,卖与生手或粗心购货人,亦能取得重利。

洛阳古玩业同业公会

约至20世纪20年代末,洛阳古玩业日渐萧条。虽在东大街鼓楼东一带又出现了几家新开的古玩店,如赵培荣的"怡古山房"、沈云五的"云林阁"、尤达纶的"九如春"、王茂斋的"文华阁"等,但生意并不好。这时见各行业同业公会相继成立,几个接近古玩业的绅士如林笃士、王玉山等人为了假公济私，也发起成立古玩业同业公会，地点在西大街李瑞熙家中。经过事先指定，选出林笃士、于仲雅、高理财、王玉山、郭荣盛5人为常务委员（内中除林笃士系外行外，其余均"八公司"人），林笃士为主席。同业公会成立后，由于相互倾轧，争权夺利，林笃士下台，又改选潘芗九为主席，公会迁到北大街94号。后来潘任洛阳商务会长，又由林治堂接替同业公会主席，会址又迁到高平南街林治堂家内。此时公会已是有名无实了。

古玩业的衰落

洛阳古玩业，在民国初年曾兴盛一时，嗣后业务渐渐萧条，竟至呈垂死状态。大多店铺皆因捐税繁重，又无交易，为了躲避差款，纷纷歇业，也有很少数转入暗地活动。抗日战争时期，交通阻塞，货物无法外运，无形中业务完全停顿下来。抗战胜利后，虽曾出过两三次大宗货，但大多商人已洗手不干，或改营他业，对经营古玩不再有兴趣。到新中国成立后，除有极少数人暗地有些活动，其余人都正式洗手不干了。人民政府实行保护文物古迹的政策，严禁破坏、盗卖，私营古玩业从此宣告寿终正寝。

威海风情

戚以润　谷群昭　孙高鼎 整理

　　威海是我们的故乡。地方不大，却驰名中外。1985 年，我们回乡省亲时目睹家乡百业俱兴、欣欣向荣的景象，由衷地感到高兴。逗留期间，承蒙威海市政协领导同志和诸位兄台的垂询关照，使我们的归里生活过得更为充实，更有意义。临别时，他们约我们为威海的文史资料撰写点东西，我们欣然应诺了。然而，回到香港之后，不但因琐事缠身不能及时命笔，而且也因事过境迁，数十年往事多已淡忘；又无可作查考的资料，更乏能够请教磋商的前辈乡亲，几难成文。为了尽一片赤子之心，寄托祖籍乡情，我们把一些记忆所及的俚俗风尚，辑录如兹，仅供参考，也希望得到前辈和知情者的补阙指正。

威海卫的最早职业教育

　　1932 年，威海卫管理公署专员徐祖善，鉴于威海气候土质宜于植桑养蚕，为提倡计，特商妥江苏省立女子蚕业学校开设速成班，由公署资送女生 30 名赴该校学习，毕业后返威，由公署量材任用，统配全区各地，指导植桑养蚕。

1934 年，威海卫管理公署又投资 25400 余元，开办了一所职业学校，全称为"威海卫公立阮家寺蚕丝园艺科初级职业学校"，校址设在城西万家疃之北，占地 15 亩。除办公室、教室、师生宿舍外，还有图书馆、标本室、实验室、储藏室、浴室等。附设蚕丝工场、园艺工厂各一个。因为该校的校舍是用的阮家寺的庙产兴建的，所以冠以"阮家寺"的头衔。

这所初级职业学校以其师资的高水平、教学设备的先进和办学规模的可观，在当时的华北区实属一流，在全国也颇有名气。校长一职初由管理公署教育股督学、大学商科毕业生徐德恩兼代，下设两个专科：

一、蚕丝科。利用王家庄的柞林和小阮疃的山林为蚕场，专门研究放养柞蚕。聘请了法国蒙贝勒农业专校蚕丝科、意大利拜度蚕丝学院毕业生何康担任主任，巴若愚等人为教师。

二、园艺科。主要研究果树，重点是苹果树和蔬菜的改良。聘请了金陵大学农学院农业专修科毕业生徐开元担任主任。

这两个学科，前者学制两年，后者学制三年，教学内容都是当时威海卫园艺生产所急需的。如能好好坚持办下去，将大有可为。可惜当时派系倾轧，校长徐德恩不久被迫辞职，改由何康担任，继而由教育科科长徐惠卿兼任，接着又由巴若愚接替。学校领导多变，校风日下，教职员工中滥竽充数者有之，偷闲逸待者有之，甚之有席卷师生膳宿费而逃之夭夭者，境遇日趋萧条，及至 1938 年日军入侵，威海卫这所最早的职业教育学校便在战乱中解散了。

球类运动与"体育之乡"

威海的球类运动始于20世纪初。当时，国内甚为少见或陌生的足球、高尔夫球、网球，在这里都风行一时了。

足球运动的普及面较宽。安立甘堂、皇仁等教会所办的学校，以及后来的威海中学都有足球队的组织。他们经常与英国水兵和外籍人士进行比赛。虽然面临的是身材高大、体魄强壮的对手，但是，由于临场发挥得好，常常以矮小精悍，机警灵活而取胜。一时间，威海卫的足球队名驰烟台、青岛、济南等地。一些著名的足球队员，如谷钧皋、谷钧元、谷源蓉、刘崇德等，升学到其他城市就读，很快地就成为所在学校和所在地足球队主力队员。

打高尔夫球，在当时的中国还是罕见的。仅仅是某些大城市少数达官贵人、富商买办的高雅娱乐。而威海卫却有三四处高尔夫球场。其一是城东门外绿草如茵的大操场，占地数百亩，是个宽广理想的活动场所；其二是刘公岛球场，林荫覆盖，海风习习，打起高尔夫球来，更是别有情趣；其他两处，如今我们只记得在西、南两乡，具体着落地已经忘却了。

网球活动，场所更多。凡是英国人的办公处和公寓旁几乎都有网球场。威海卫的青年学生也经常在那里玩球。

球类运动的兴起，带动了其他体育运动项目的开展。那时候，除了英国驻威当局召开运动会之外，学校、乡镇也每年开一两次运动会。如当时的谷家疃，体育运动就很兴旺。该村的大街上就摆着石锁、石杠等运动器械。每天早晨，有不少人在那里练举重、习武术。这种景象，威海卫的许多村疃都是如此，堪称"体育之乡"！

品种多样的家乡风味小吃

威海是个盛产山珍海味的地方。如今那里的宾馆、招待所和饭店所制作的美味佳肴，令人赞不绝口。然而，对于我们这些久居异乡的人来说，特别向往的却是当年那些品种多样、大众化的家乡风味小吃。

先就普通干粮来说。我们小时候赶集、赶庙会，随时可以买到肉火烧、叉子火烧、砍边火烧、大锅饼、葱油饼、绿豆丸子、油炸糕、麻腾（油条）、麻花、水煎包、猪肉包、牛肉包、锅贴、抻面（拉面）、打卤面等。那时候的肉火烧，皮是油浸的，馅是由肉粒、木耳粒、虾米、球葱等组成，包成后，先在平锅里煎，用木棍翻来覆去地按压，务求煎透炸酥后才铲起来。进而又立放在一条长烘具上，送进炭炉再烤，直达到饼皮酥脆为止。这时候趁热吃，咬一口，又香、又软、又脆，嘴里的津液不禁自流。上述的其他食品，都是功夫到家，物美价廉，地地道道的风味小吃。

以当时威海市的大饭庄、酒楼而论，当属久负盛名的金合居、庆和楼了。他们烹饪技艺不凡，各有千秋。金合居的烧大肠、烩大蹄、炸里脊、炒肉两张皮、勺里拌大蒜、爆双脆、熘肝尖、烧腰花等，尽管都是猪身上的东西，经过厨师的精巧加工，既实惠又好吃，令人念念不忘。再如城里"德有"包子铺的包子，新鲜，绝不塌屉。旅居香港崇基学院的院长傅元国先生之父傅正义老先生对当年"德有"包子铺的包子，至今记忆犹新，津津乐道。

"庆和楼"以独具特色的风味佳肴而著称。如海参炖肘子，可切几片豆面饼子放在里面一起吃，特别清爽可口。还有一些名菜，如宫保鸡丁、芙蓉鸡片、炸板虾、三鲜春卷等，都是"庆和楼"的拿手杰作。

"全家福"是以海参为主的海鲜大件。醋熘黄花、糖熘鱼片、清蒸加吉鱼等也都是盛宴上的必备名菜。

如今海内外洋洋大观的美味佳肴不断翻新，固然要学习吸收；但是，我们想，过去威海卫所流行的，又深受城乡所欢迎的品种多样、实惠的风味小吃也不能丢弃。因为这是家乡的独特的饮食艺术之花，我们应继承发扬，促其繁茂不衰，锦上添花。

别具一格的节日民俗

节日民俗是一个国家、一个地区或一个民族悠久文化的一部分。它反映了当地的传统习惯、道德风尚和宗教观念等。透过这些节日民俗，令人感受到千百年来人们对美好未来的向往。

在我国民间传统节日中，最受人们重视的要算普天同庆的大年春节了。寒冬腊月，五谷归仓，农家有充裕的时间来尽情玩要。当年的威海卫，从除夕到元宵节的半个月里，农民不下地，商店不开板，各处的庙宇、祠堂都敞开大门，随人游逛。为了欢度新春佳节，家家户户扫尘、挂年画、贴春联、守岁、拜年。各个较大的村落还要组织闹新春的"光景会"（街头杂要）。要办好一个光景盛会，首先要有许多富有吸引力的节目。而这些节目，有的可以年年依旧，有的则要不断翻新。如舞龙、舞狮、跑旱船、跑驴、挑灯、高跷可以年年如一；而那些小杂要、小活报剧则要年年编新事、排新词。其次要有一个吹、拉、弹、唱、打齐备的有声有势的乐队。只有以上两项都具备了，才可以拿得出去。"光景队"一出村，前呼后拥的是旗、罗、伞、扇，几堂锣鼓、大号鸣道，还有四眼冲炮开场。上百人各司其职，浩浩荡荡，逐日轮流到各庙宇、祠堂和市内、邻村演出。那些集中演出的地方，有时接连安排几个"光景队"的表演。有迎有送，备有点心食品和红包钱接待"光景队"。我们小时候，喜欢跟着"光景队"四处跑。真是热闹非凡，其乐无穷！

当年"光景队"的节目，不少被保留下来了，但也有很多节目却不再见到了。如流行一时的运字灯，八个少年儿童两手各持一盏不同形状的彩灯，走了几圈队形之后，集中在一起，十六盏灯拼成一个完整的吉祥句子，如"国泰民安""五谷丰登""天下太平"等。本来较平常的彩灯，由于队形的不断变化，字幕的不断翻新，就惹得人人称赞。又如七巧板灯，八个儿童中，一人指挥，七人持灯，拼出许多美丽的图案，令人十分神往。再如蝙蝠灯，一人扮寿星，八人扮蝙蝠，舞时跑碎步，颤动两手，形成蝙蝠飞翔的美姿；最后八个蝙蝠拱卫着寿星，向寿星祝福，暗喻人们所祈求的"福寿"。

过了春节，接踵而来的是元宵节（古历正月十五），也称灯节。威海卫的"蒸灯"是别处不多见的习俗。"灯"的原料，早时大多是用苞米面、大豆面掺上煮熟的地瓜，捏成不同形状的"灯舌"，放在锅里蒸熟后，再在"灯舌"上插上支小蜡烛或蘸了油的棉花草棍，以备点燃。这种"蒸灯"，可分为十二月灯（从一月排到十二月）、十二生肖灯（家中几个人的生属是什么，就捏几个相形的动物）、吉祥灯（如蛤蟆灯、驮钱驴灯、看门狗灯等）。总之，花样越多越好。这些灯在元宵节之夜，家家户户一齐点燃，十分热闹壮观。灯节过后，这些"灯舌"都是民间食品，没有一点浪费。

清明节，威海卫的妇女们喜欢"蒸燕"。就是用面粉掺上点红绿黄等颜色，捏成各种形态的燕子，有大燕背小燕，有大燕领着一群小燕，等等；捏成后放在锅里蒸熟，然后串成串儿，挂在窗口上，在丽日和风中摇曳摆动，象征着飞燕迎春，既好看，又有意义。1985年春，我们回乡省亲期间，时逢驻京使团的各国武官来威度假，远遥村的渔民们请他们到家里做客，外宾们对这些"蒸燕"倍加欣赏、喜爱，渔民们将它作为纪念礼物赠送给了每个武官，促进了国际民间文化艺术的交流，也增进了友谊。

在威海卫有个登高的风俗。那一天，一支支由青壮年组成的"高照"队整装竞发。所谓"高照"就是用一根大竹竿，顶端挑起五面三角旗和由小到大的锦绣罗伞，罗伞下面挂一幅十多尺长的绣有吉祥字样的幛幔，幛幔四周系了许多风铃和马铃。罗伞的中央缠三四根长绳扯住，防止被风吹倒。"高照"队出发，锣鼓开道，一个棒小伙抱着"高照"，三个小伙子扯起三根长绳，保持"高照"的平衡，一步一步地向顶峰攀登。路越走越狭窄、坡度越陡，抱"高照"的人可以替换，但队伍却不停留，这必须具备不怕困难，勇往直前的精神和毅力，直到把"高照"竖在绝顶为止，人们才开始聚餐和玩乐。而后，又扯起"高照"慢慢地盘旋着回到村里，一天的登高活动才算圆满结束。可惜的是这项锻炼青年人意志的有益活动，竟没有很好地流传下来。

七巧节（古历七月七日），威海卫的少女们喜欢"磕小果"。她们把面团放在刻有花纹图案的木模内，磕印出多式多样的面果，然后在锅里烙熟。由于是制成的干果，可以用彩绳串起来，挂着欣赏，许久不会变质。那些木模的图案是花、木、鱼、虫，花样繁多，栩栩如生，真是一项民间的精湛艺术！

阴历七月十五，有人称之谓鬼节。南方流行"烧衣""烧纸"，祈求鬼神不要为害人间。但在依山傍海的威海卫则流行放海灯，祈灵神庥，万顷安澜，海事太平。这些灯具，大多以一块六寸见方的木板，四周钻四个孔，各插一支竹签，外面糊上彩色纸筒，中间放上一支蜡制成。晚上，各庙宇社团的乐队，乘坐大船，鼓乐齐鸣，向海湾中心驶去，把"海灯"点燃，一盏盏地放入海面，越放越多，霎时间满海是红红绿绿的灯火，在铿锵悦耳的丝竹锣鼓声中，漂荡闪烁，俨如"海市蜃楼"，是夏市海上娱乐的盛举。

节日民俗，各地不尽相同。威海市区和乡村也有些区别。但是，通过这些节日民俗，表达了人们的怀旧和祈求安居乐业、升平盛世的夙愿！也唤醒了我们这些童心未泯的游子对故园的拳拳怀恋之忱。

走过票证年代

———

魏章官

如今无论什么商品，只要有钞票，肯花钱，都能买到。在许多超市和商场，还不用带钱包付现金，只要递上银行卡一刷，即可成交，人们称之为"一票通""一卡通"。

而在计划经济年代，直至改革开放初期——尚未根本改变短缺经济现象的 20 世纪 80 年代中期以前，钞票并不能包打天下。别说是高档工业品，就连一些生活必需品，也得票证加钞票，才能买到。

忘不了 1970 年我跟随一位地厅级领导到福州郊外一个山村检查工作，在深山小道上碰到一位老人，问他对政府工作有什么意见，他说："没什么别的意见，就是春节已经过去了一个月，干部还没把布票发下来。"那时候，城乡中某些人高马大者量体裁衣用布多，希望政府不要搞"一刀切"，要给他们多发点布票。为了省钱省布票，我母亲把穿的两件上衣的袖子做成"拆装式"，夏天把长袖拆下成短袖，冬天再把袖子装上变长袖。我的两个妹妹在 20 世纪 70 年代先后出嫁前，母亲为了给她们多做一两件嫁衣裳，还向左邻右舍借布票，并约定男方送的聘礼中要有两丈布票。可见，布票对于当时的人民群众是多么珍贵！

粉碎"四人帮"之后，记得是 20 世纪 70 年代末期，开始有了大量进口日本尿素，其包装袋尼龙布轻柔耐用，不少人用它做短裤或蚊帐顶，省了布票。我妻子买来尿素袋做了床单和蚊帐顶，那上面写的"净重 40 公斤""含氮量保证 46%"的几行黑字，在灯光映照下，仰视看去特别显眼。有人用它做短裤，穿着去山西参观大寨到澡堂洗澡时，上面"净重""含氮量"等字被外宾看到，成了笑料。后来有了的确良、涤纶等人造纤维布，尿素袋才失宠，布票的地位与作用也一落千丈，最终布票被取消了，完成了它的历史使命。

那年代，广大农村群众能享有的票证最多的就是布票。在福建南部沿海甘蔗产区的农民有时还能领到白糖票。肥皂票时有时无，但有些农家无所谓，因为他们用不起肥皂，可用油茶饼洗衣。有些农民对城里人，尤其是机关干部拥有较多票证很羡慕。你看，有粮票、油票、肉票、蛋票、鱼票、糖票、酒票、煤票、果糖票、香烟票、香皂票以及搪瓷脸盆票等。在企业单位，工人能获得不用票证购买，又印上"奖"字的脸盆或牙杯奖品，也感到高兴。我家至今还用着朋友送来的 1979 年他荣获的牙杯奖品。我 1968 年大学毕业后先到一个地厅级机关工作十多年，正是票证盛行期。有时还发手表、自行车、缝纫机供应票证，因数量很少，发到处级单位七八十人，这"三大件"才各发一票。单位领导往往把这"三大件"的票证发给工作先进个人，以资鼓励。

逢年过节前，各级机关单位都给属下干部职工发放多种副食品票证，平添了节日气氛。人们领到的有黄花菜票、山东粉票、面粉票、柑橘票、香烟票等。那时香菇、木耳不能人工栽培，是野生的，供应量少，所发的香菇票、木耳票，每人选其一，上写"二两"。发的酒票有茅台、五粮液、汾酒、竹叶青、四特、洋河大曲等，用抽签办法，每人只有一瓶。不喝酒、不抽烟的人分到烟酒票，也高兴地拿了用来送人情。春节票证发得多的单位，简直被认为"搞特殊化"。平时，肉票最受欢迎。记得1986年的一天我带肉票一早上街排队，买的是从四川运来的冻肉。轮到我时，不容挑肥拣瘦，师傅看是三公斤肉票，一刀下去切一块，过秤时只多几两也要切掉。当时机关干部"肚里没有油，下去游一游；口中没有味，出去开个会（有吃喝)"，平时在家缺油水，看到买的猪肉，肥多于瘦，真高兴!

那时发的烟票，抽烟人不够用，往往感到苦恼。没烟抽时，捡自己扔掉的烟蒂剥出烟丝，用稿纸一卷再抽是常有的事。1980年秋，我到《人民日报》送稿件返回时，在首都机场凭飞机票购买两包凤凰牌香烟，好高兴! 买后，只见营业员还在机票上盖个印，以防旅客用机票重复购买。那时普通干部群众即使有钱也买不到好烟。有人因此感叹："中华大地无'中华'，'牡丹'不向群众开。'前门'专从后门走，'凤凰'何时飞下来。"

至于粮票，不知啥时起还成了有价之票。在1980年初，每公斤粮票还可卖到8角左右。1986年，在福建省商店里购买糕饼或进馆店吃面条已不用粮票。可这一年6月，我作为一名省报记者出差上海，晚上7点多到宾馆住下后，过了宾馆食堂吃晚饭时间，只好上街跑老远找到一家食杂店，想买几块面包当晚饭，不料营业员说要用粮票，我要求加点钱顶粮票，营业员很讲原则，严肃地说："你想搞不正之风?"我说："我们福建都不用粮票了，上海大地方怎么还用粮票?"营业员说："福建、广东改革开放实行'特殊政策、灵活措施'，上海还没搞'特殊与灵活'，当然要用粮票啰!"我只好跑到外滩黑市买了2.5市斤粮票，再到附近一家食杂店买了面包和饼当晚饭。

从我的人生经历看，从寄宿学校读初中，到成家立业后，买的每一件在那时看来比较重要的日用品几乎都凭票：1960 年，我买的第一个搪瓷脸盆代替木盆，是福建古田第四中学发的脸盆票；1970 年初，我参加工作后戴的第一块手表，是用单位领导照顾给我的票花 26 元买的南京产"钟山牌"手表；1979 年，我用的第一辆自行车，是凭关系弄到票去指定的县长乐百货批发站购买的；1985 年，我用的第一台 14 英寸福日牌彩电，是一个县委书记给批条买的；用的第一台也是最后一台缝纫机，也是想方设法弄到票才买上，不想后来根本不穿"缝缝补补又三年"的衣服，搬进新居后嫌缝纫机碍手碍脚，送给乡下亲戚了。

从 20 世纪 80 年代后期至今，从手表、自行车、缝纫机"老三件"，换成电视机、电冰箱、洗衣机"新三件"，再换成电脑、车子、房子"大三件"，由凭票证和批条购买，到后来取消票证，太方便了！现在，超市店铺里的商品琳琅满目，应有尽有，商家还发愁你不买呢！

票证，是过去物资匮乏的标志性产物，是温饱不足的年代体现低层次公平的见证。我想，上了年纪的人都经历过票证年代，都有我这样刻骨铭心的感受，都忘不了国家的困难时期和自己生活的艰辛。但现在许多年轻人并没有这种亲身体会，有些年轻人有了新票证——"独生子女证、小车驾驶证、房产证和绩优股票"后，还不喜欢进行今昔对比，觉得昔日的七票八证不可理喻。我们说，有比较，才有分析，才能鉴别，才好看出时代的进步。回顾票证年代，比比如今"一票通""一卡通"，可以看到我国改革开放 30 年来的巨大变化和成就。小平同志说得好：贫穷不是社会主义。

大院旧忆

————

卞晋平

　　20世纪60年代，我们家一直居住在一个大院里。这个大院，位于山西省运城市老城区的北门外，南望中条山和著名的盐湖解池，北边紧靠着同蒲铁路，不远处还有一条季节性河流。我的少年时代就是在这个大院里，伴随着一列列火车的隆隆震响和汽笛轰鸣声度过的。这个大院就是运城铁路职工家属第一宿舍。

我们的大院

　　我们居住的大院，坐北向南，布局规整：横向看是六排齐齐整整的青砖瓦房，纵向看以一条两米多宽的人车行道为中轴，把这六排房屋分成为东西两部分。大院里总共居住着62户人家，开有一南一北两个大门，周边是白色的围墙。围墙之外，东面与其他单位的宿舍大院相连，另外三面种植着垂柳。柳上黄鹂长鸣，柳下是排水沟渠。我们在大院居住，从住房到房间内的桌椅床铺，全部都是公有财产。铁路的房管部

20 世纪 70 年代的运城铁路大院。右一为作者

门，不仅负责房屋的维修管理，每年春节前还要负责各家各户的墙壁粉刷和烟囱疏通。这个做法，一直延续到"文革"开始后才结束。

过去，当地有句顺口溜："运城三大宝，刮风下雨蚊子咬。"别看现在那里干旱缺水，而在半个世纪以前，经常让运城人操心的事不是水少而是水多。仅以我们大院所在位置而言，周边就星罗棋布着大大小小十数个水塘，大的面积有几十亩，小的有几亩。小时候经历过的抗洪躲水的情景，至今仍深深地印在我的脑海里：我们曾夜不归家地聚集在地势相对较高的工务段机关避水防洪；家家户户都用砖头或"户基"（土坯）垒起土堰封堵家门，以防外面水涨漫入。还有，每到麦收时节，我们这些小学生都要随着工人叔叔们一起到农村帮助抢收，因为麦收时节往往会伴随着持续多日的连阴雨，所以人们管收割麦子叫作"抢收"和"龙口夺食"。即使到了"文革"时期，运城的地下水位还仍然很高。在响应毛主席"深挖洞、广积粮、不称霸"的号召时，人们还曾为挖地道总渗水的问题而烦恼。

20 世纪 60 年代上半期，人们生活普遍都不富裕。在经过全民大炼钢铁、吃集体大食堂的短暂热闹和三年困难时期之后，这个大院里已经恢复了老百姓过常态日子的平静。因为老天降雨多，地下水充裕，又因为运城本地人习惯上不吃鱼，我们周边大大小小的水塘乃至大院墙外的排水沟渠里就有了许多鱼。这给我们这些半大不小的男孩儿们增添了不少乐趣，也给那些喜欢吃鱼的外地人带来口福。我们小时候先是在院墙外的沟渠里逮鱼，待年岁稍长，学会了游泳，就到大一点的"泊池"（水塘）里去抓鱼。之所以说"逮"鱼和"抓"鱼，是因为我们这些孩子们没有钱去买钓线鱼钩搞垂钓，只能靠自己的一双手。面对小一点的泊池，一群赤身裸体的小伙伴们一起下水，呼啦啦地迅速把水搞浑，水中的鱼儿就全部露出脑袋伸出嘴巴在水面呼吸，我们也就大呼小叫着争先恐后地伸手抓鱼。我们把这种浑水摸鱼的行为叫作"翻坑"。"翻坑"是男孩子们最喜欢做的事情。遇到大的水塘，翻不了坑，我们就憋一口气潜水下去，头下脚上，用双手摸堵水底的坑洼或靠岸的洞穴。由于上层水面温度高而水底清凉，坑洞里面的鱼儿一般都懒洋洋地不想游动，很轻易地就成为我们手中之物。整个夏季，我们几乎隔三岔五地就能摸上三二斤小鲫鱼回去，我还曾空手抓住过三斤多重的大鲤鱼。

60 多户人家同住一院，时间一久就慢慢形成了自己的小文化圈。80年代初我到北京工作后，曾去过京城的几处大杂院。北京的大杂院基本上是由过去的四合院演变而成，通常比较嘈杂拥挤，塞满了临时搭建的屋棚。但无论大院里怎么杂乱，住在这里的人讲的都是一水儿的老北京

"文革"中大院部分人员参加毛泽东思想宣传活动

话，其中绝少能听到外地人的方言。而我所在的运城这个大院则与之不同。一是不拥挤，各排房屋之间留有约 30 米宽的足够人们活动的宽敞空间。它是属于那种保持最初设计风格、未曾破坏其原风貌的建筑群。二是居住的人口来源庞杂。铁路作为大动脉纵横祖国东南西北，铁路职工也来自祖国四面八方，哪里的人都有。这种情况客观上造就了我们这个大院的一种特殊现象：在各家各户，你可以听到南腔北调的各种乡音，但在相互交往时，大家都在普通话上找齐。因此，在我们大院里，你可以听到上海江浙一带的普通话，也可以听到广东广西一带的普通话，可以听到山东山西人讲的普通话，还可以听到河南河北人讲的普通话。总之，这样一个说大不大说小不小的家属院，成了荟萃全国各地乡音和各种音韵普通话的小社会。

大院里人际关系很好，这是就总体而言的。这种良好的人际关系一直保持到"文革"大闹派性之前。一般来说，来自同一个省份的"乡党"之间来往更近更多一些，这是中华乡土文化的自然反映。同时，邻里之间无论是否同乡也都能做到和睦相处、彼此照应。比如，我要出门借你家的自行车用用，你要缝补衣裳到我家借用一下缝纫机，谁家的斧头好各家劈木柴时就都来借它，哪家做了点儿好吃的也请邻居尝一尝，甚至困难时期谁家没了米面要断炊了，邻里之间也都能相互帮衬一下。这种热情友爱的表现，在北方人身上表现得似乎更为突出。邻里之间有时也会发生矛盾，往往是因为孩子之间打架，惹得家长斗嘴吵骂。为此而争吵激烈嗓音最高者，往往也是北方人。但不管嘴上吵得多凶，怎么也免不了抬头不见低头见。大院有个不成文的习俗，无论闹过什么矛盾，春节过年见了面，互道一声问候，从此旧事就不再重提，又能互相原谅和好，似乎从没有闹过纠纷一般。

我家的几户近邻

我家的西邻，是一户原籍山东临沂人。主人周叔，除了个子矮些之外，具有山东人的一切特点。周叔是火车站的装卸工人，负责把铁路运输的各种货物装上火车或从火车上卸下来。由于当时铁路工作整体上机械化程度不高，干装卸工就算得上是一种非常辛苦又比较粗重的体力劳动了。我们那里通过铁路运输的物资最多的是煤炭，通常装卸工人劳动一天下来，除了眼球和牙齿有些白色，全身基本上都是黢黑一片。但他们大都豪放乐观，扛着铁锹拿着撬杠走向工区时，往往是说段子的笑声和相互取笑的打闹声响成一片。周叔爱唱歌，他唱的最多的歌是"二郎山"，而且一唱就一定是放声大唱，响彻大院，绝不小声哼哼。"二呀么二郎山，高呀么高万丈。古树参天遍山野，巨石满山岗。羊肠小路难行走，康藏公路被它挡呀么被它挡。"只要我们一听到那带有浓重山东味儿的"二郎山"时，就知道周叔在家而且心情不错。周叔做事粗中有细，他家有六个孩子，清一色的男孩儿，与住在前排的刘叔家清一色的六个女孩儿形成鲜明对比。周家六兄弟的单衣棉衣历来都是周叔亲自裁剪亲手缝制的。周婶也是山东临沂人，与周叔一样心地善良，热情粗放，做事说话直截了当，看谁家好就实心实意地好，跟谁家不对劲惹急了就大争大吵。就是在周婶那里，我第一次吃到了山东煎饼，并且看到了怎么烙煎饼。她在自家门前垒起一个小灶台，下面烧柴火，上面坐着一个中间鼓起的饼铛。舀一勺糊状的小米粉在铛上，用一柄木制的刮板迅速地刮平，瞬间一张煎饼就烙好了。遇到她烙煎饼时，总会有邻家几个半大不小的孩子围在旁边，直到分食掉她几张饼才走开。

在那个经常"忆苦思甜"的年月，周叔曾对我说过，旧社会里他和周婶都是苦命人，两人是在要饭时走到了一起并且是在一座破庙中结婚的。他和周婶最感谢的人是毛主席。他对我说过："现在咱们工人阶级才真正不熊了。"他还不止一次说过："如果不是毛主席，我家住不上这样的房子。"后来，到 20 世纪 70 年代后期，改革开放开始了，周婶也开始做一点小生意，摆个小摊子卖点瓜子和汽水，主要还是补贴家用，当然也多少赚了一点钱。我这时已经离开了运城，到省城去上大学。假期回来到周叔家串门，他对我说，其实新中国成立前他家是做买卖的。他还说，还是现在政策好。

在那一段特殊的年代，我家东邻那套单元房内连续换住过三户人家。这三户人家都曾先后程度不同地遭遇过由顺境到逆境的情况。他们的搬迁史，折射出那个时代许多值得人们深思的东西。

第一户东邻的主人姓李，北京郊区人，是运城铁路火车站的书记，我管他叫李伯伯。李伯伯"解放战争扛过枪，抗美援朝渡过江"，可以算得上是老革命了，我对他一直比较敬仰。后来他很惨，家破了，妻离了，一个孩子也跟着妻子走了，晚年生活较为凄凉。关于他的故事将在后面讲。

李伯伯被遣送农村后不久，原来他家住的那套房子中搬入一户郭姓人家。听口音新东邻的主人郭叔是晋中一带人，在铁路工务段工作，好像是工务段的财会室主任。他面孔白净，戴着一副眼镜（那时戴眼镜的人很少），看上去比较斯文，好像是个小知识分子。在我的印象里，这一家人的性情都很温和。郭婶及他家的几个孩子说话从不大声，没见他们跟谁家红过脸、发生过口角。他家还有一位 60 多岁的老人，是郭叔的父亲，平时不多出门，我们见他的时候也不多。

郭叔家搬走后，王叔家搬来了。王叔是真正的运城本地人，时任运城铁路地区革命委员会的主任。运城铁路过去归属于临汾铁路分局，分局的车务段、机务段、工务段等单位分别领导运城铁路相应的各部门。到"文革"中期，运城铁路各部门统一建立了与临汾铁路平行的"运城铁路地区革命委员会"。王叔作为运城铁路地区的第一任革委会主任，成为比此前任何一位当地铁路领导干部职位都高的人。说起来，我对王叔家这户新邻居并不陌生。王叔的妻子马老师，曾是我们运城铁路小学校的老师，据说她的课讲得很好。不过她讲课时我还未上学，她再次回到运城铁校时我已经参加工作了。王叔的弟弟与我是小学时的同班同学，我们曾一起搭档在班上表演过题为《美国大使馆挨炸弹》的"三句半"，所以至今我都记得当时美国驻南越大使叫"乌·阿·约翰逊"。王叔的长子小时候也曾是我们的小伙伴，这个时候他已参军成为一名排级海军军官。那时我们看王叔的角度是仰视，因为他在整个铁路地区都处于高高在上的地位，一逢公众场合往往都是前呼后拥的。对王叔工作生活方面的情况我基本上不了解，我只知道，从他开始，运城铁路地区的宣传工作比较突出，体育活动也比较活跃。尤其是成立了脱产的半专业化的"铁路宣传队",不仅在运城而且到沿线所属的各个火车站甚至到省城演出,在当地一时还算小有名气。作为近邻,王叔一家与我家关系融洽,无论长幼出入见面都能彼此打招呼相互问候,王叔有时见到我还与我聊聊家常谈谈时政。那时大院里的许多孩子都长大了,参加工作或者结了婚,于是各家各户就纷纷在自家门前加盖住房。我们家盖房时,王叔还过来搭把手,帮助搬搬砖、递递瓦,这在大院里算是一件新鲜事。西邻周叔就对我说:"他还来你家帮忙,不简单。平时他不爱搭理人。"不久,我上大学离开了运城,后来又到北京念书,对大院的事情也就知道得更少了。多年以后我回运城时,听说王叔被调整了工作,不再担任领导职务。

我家周边的邻居中,还有一位人物谭伯。谭伯一家住在我家前排,他曾担任过多年的运城工务段段长,当时已年逾七旬,满头白发。我们大院里的人都知道他是老资格、老革命,但究竟有多老资格我并不清楚,反正人们都说他是老红军,而且说谭夫人也是老红军。谭伯是我们整个大院所有人中唯一一位享受过"特殊待遇"的人:他家里安装有一部手摇电话。那时,电话就是地位和待遇的象征,只有达到一定层级的领导干部家才有,普通人家是不能随便安装的。然而,这部电话给谭家带来多少便利人们不清楚,但都知道给他家带来的麻烦事不少。这是因为,不论是公事私事,也不论是张家李家,反正大院里的人只要有事就会到谭家去打电话,而外面人如果找大院里的人也都会把电话打到谭家。谭家的电话俨然成了一部公用电话。尤其是每逢外面来电话找人,谭伯家的人就要到这个人家中去告知。有电话本来是一种待遇,结果却把谭伯及其家人变成了为全院住户服务的接话员。可贵的是,对于这种经常性的不胜其烦的琐事,谭伯及其家人都能坦然视之,一做就是许多年。

爱玩是孩子们的天性,是孩子们与生俱来、如影随形、须臾不可或

"文革"中大院的孩子们

缺的东西。曾经有位"80后"的年轻人问我，你们小时候有什么好玩的？我说我们那时候的"好"，不是好在物质条件上。过去和现在这两个时期在衣食住行方面的差距堪称天壤之别，那时的孩子们做梦也想不到以后会有电视、电脑、手机和琳琅满目的各种电子玩具。我们小时候玩的"好"，是好在玩的率性，玩的天然，玩的无拘无束，玩的都是孩子们自己头脑中想出来的玩法。

20世纪60年代，一般人家孩子都多，多数人家是五六个孩子，少数人家两三个孩子，我们大院中最多的一家有11个孩子。孩子多了，家长反倒好办，不用自己操心，孩子们自然而然地就形成了层次和人群。通常，他们会按照年龄大小分群，同龄孩子为一拨，一有时间就互相召唤聚集在一起。这一拨一拨的孩子们，上学时同去同回，放学后同玩同乐。只要天气好，每天晚饭后都会有人站在院子里放开嗓子大吼："初七初八，月亮开花。开花到底，一把抓起——就是谁？"这本是小朋友们玩捉迷藏时的口诀，这时就变成了召集小伙伴们的集结号。小朋友们听到外面的呼唤声，通常都会放下饭碗一溜烟地小跑出来，与其他小

柳哨

朋友会合。就在这种天天嬉笑玩闹之中，孩子们的率真活泼、友爱亲和的本性得到了张扬。比如，上学时大家各自所带的早点不同，通常都会拿出来交换分享。谁要是带了一点好吃的东西，比如一个苹果或几颗枣子之类，也一定会拿出来与大家分而食之。那时运城见不到南方水果，忽然有一天，一个同学拿了一节粗粗的外皮紫红的东西，剥了皮后叫大家每人咬一口。我们这时才知道这就是南方来的甘蔗，是比当地种植的"甜秆"还要好吃许多的东西。

孩子们凑在一起，基本上就是玩。大院里孩子们做游戏的花样极多，层出不穷，而且各种玩法都是自己想出来的，各种玩具都是自己做出来的，从来不花家长一分钱，更不用家长操心小孩玩什么。而且无论哪种游戏，从来不用人教，都是大孩子玩小孩子瞧，到该玩的年龄自然而然地就无师自通了。那种因地制宜、笑由心生的乐趣，绝非未曾亲临其境的人所能体会得到的。

大院孩子们的游戏至少有这么几类：

第一类游戏是就地取材、即时可玩的。

有一种游戏叫跳方格。随便找块石头瓦片就可在地上画格子。先横

滚铁环　　　　　　　　顶拐拐　　　　　　　　　　　　弹弹球

向画出两个并列的方格，再纵向画出四个方格，每个方格的面积一般都在长宽各两尺左右，六个方格排列成 一个"T"字形。小朋友们依次玩耍：手持一块瓦片投入第一格中，接着单腿顺序跳过每一格，返回时单腿下蹲捡起瓦片跳出，然后再从第二格开始，直至跳完所有的格子。中途如有哪个人坚持不住双脚着地就算输了。于是，参加游戏的小朋友们就一人在后面捶打他的后背，两侧各有一人揪住他的耳朵，前面一人捏住他的鼻子。捶打后背的孩子一边捶打还一边念念有词："打金鼓，过金桥，打死某某饶不饶？"一般都要念过三遍后大伙儿才说"饶"。于是游戏又从头开始。

还有一种男孩子们玩的游戏叫滚铁环。那时许多人家使用木桶，而用来箍木桶的铁环就成为最受男孩子喜爱的玩具。找一截粗铁丝，把它的前端横折成"U"字形状，就成了滚铁环的推子。这种游戏，既方便又经济，边走边玩两不耽误。上学或放学路上，一群群小学生推着铁环互相追逐嬉戏，是当时一道很抢眼的景观。

即使什么玩具都没有，孩子们也会想出各种办法来玩。大家可以拥在一起相互抗膀子、比推力，也可以两个人手拉手比赛单人拔河，还可以各自搬起自己一条腿来，相互之间"顶拐拐"，看谁能把对方的架子顶散。

第二类游戏是玩具简便、随身携带的。

弹球，这是小学生们的偏好。几乎每个男孩子衣兜里都装着几个彩

大院里长大的孩子们——即将走向社会那一刻

色玻璃球，哪怕课间休息十分钟，几个人也能凑在一起弹几下。

翻绳，这是男孩子女孩子都喜欢玩的游戏，小小一截线绳扎成个圈，在孩子们的十指间就可以翻出许多花样，最后谁技穷谁就认输。

拍"元宝"，把捡拾来的香烟盒折叠成三角形，就成为孩子们口中的元宝。参加游戏者每人放一个元宝在地上，然后轮流用自己手中的元宝拍向地面，如果产生的气流把地上的元宝掀翻过来，这个元宝便归了

溜冰

跳大绳

跳皮筋

自己，赢元宝多的人会很自豪。

跟拍"元宝"相近似的游戏还有"跌杏核"。在地面刨一个小坑，每人往里面放一粒杏核，然后依次轮流拿起自己的一粒大杏核让其自然落下，砸出小坑的杏核便归自己所有。

还有一种游戏叫抓"锅子"。捡一些同样大小的石子（即所谓的"锅子"）用双手捧起上抛，反手接住后再上抛，石子下落时接住其中一粒。把这粒石子上抛的同时捡拾起地上的三粒石子并接住开始下落的那粒石子。这个动作反复多次，直到把地上石子全部抓完。如果不能抓完，另一个人接着玩，最后看谁赢的石子多。

第三类游戏是因时而异、四季分明的。

这类游戏主要有：春天吹"柳哨"。大地回春，杨柳返青，刚刚发芽的柳树枝，就成为孩子们自做口哨的材料。折一截柳枝，用手揉搓至皮骨分离，然后裁齐两头并在一头削去外层的绿皮，一支口哨就做好了。柳枝有粗有细可长可短，柳哨发出来的声音也有钝有锐有高有低，含在嘴里还有一股嫩柳枝特有的清香。

夏天打"水仗"。夏天孩子们可玩的游戏最多，可以到野地里去逮蝈蝈、引蜻蜓、粘知了，等等，但最热闹的游戏莫过于游泳。运城夏天奇热，40℃上下的日子可以持续一个多月。每年刚到5月中下旬，"泊池"中水温尚低，孩子们就已经迫不及待地要下去试水了。我们儿时游泳，不讲姿势也不讲规矩，一切为了好玩。玩的方式除了前面提到过的

20 世纪 70 年代，我们家有了自己的自行车

"翻坑"捉鱼外，主要就是"打水仗"。赤条条的一堆小朋友分成两拨，以掌击起水花相互攻击，在无拘无束的欢笑打闹中，败者逃逸胜者追逐，玩累了各回各家。学校担心孩子们的安全问题，禁止小学生私自下水，但实际上对爱耍水的孩子们来说一个也禁止不了。老师有一种办法可以抽检学生，只要用手指在胳膊上腿上划出白色印迹的，就一定是违反纪律擅自下水者。孩子们也想出了应对之策，游完泳跑一圈出汗以后，再划也不会出现白印了。

秋天"杠老板"。寒霜时节，落叶满地，大院的孩子们从中选择一些柔韧度较好的杨树叶梗，相互对着"杠"，看谁的叶梗最结实。最结实的那些叶梗被孩子们称之为"老板"，往往会放置于脚下鞋子之中，据说这样可以增加"老板"的韧性，比赛之时再拿出来与他人相较量。

冬天玩"溜冰"。之所以称为溜冰而不是滑冰，是因为我们谁也没有见过冰鞋什么样。运城水多"泊池"多，寒风一吹，到处都有可以玩

大院拆除中，这是我家在大院过的最后一个春节

的溜冰场。小朋友们在上学或放学途中，凡是遇到可以"溜"几步的地方，绝不在正道上走旱路，一定会在冰上打出溜，互相比赛看谁出溜的远。周末和寒假期间是玩"溜冰"的最佳时刻。小朋友们找几块木板拼在一起，下面装上两根粗铁丝，做成自己的"冰车"，然后几人相约找一处冰场比赛。大家各自盘腿坐上"冰车"，双手各握一根一头磨尖的铁棒（多用建筑工地连接木头的大弯钉改造而成），扎向冰面如同划桨，争先恐后地滑向前方。

第四类游戏是成群结队、互助互动的。

最常见的有跳大绳、掷沙包、过家家等。这些群体性活动一般都要分为两组，两组孰先孰后的顺序，多数是由比手心手背或"将进宝"决定的。"将进宝"其实就是许多地方所谓的"石头、剪子、布"，但我们当地的说法不一样，当地的说法是"将进宝，嗨顾得笑，笑笑笑"。这几个字究竟怎么写没有人清楚，反正分出先后就行。

跳大绳的玩法较多，包括单人跳、双人跳和多人跳三种。第一种是单人跳。单人跳通常以一次性连续跳的数量多者胜出。单人跳中有些难度的是跳双摇。双摇频率比单摇快得多，双臂摇动两次绳子双脚却只跳跃一次。双摇以单位时间内跳的数量多或一次性连续跳的数量多者胜出。另外还有绾花跳等，能做绾花跳的人不多，他们算是单人跳中的佼佼者。第二种是双人跳。双人跳其实是单人跳技术高超者衍生出的一种新玩法。具体说就是一个人在不间断的跳绳过程中另一个人和着他的节拍进去与他一起跳。这种一人摇绳二人跳的跳法难度较大，玩这种跳法者通常表演性因素较多。第三种就是多人跳。多人跳是名副其实的跳"大绳"。由两个人一边一个摇动大绳，一群小朋友一个接着一个上场跳，可以七八个小朋友同时跳，也可以大家排成一队依次上场跳一两下就离开，如同走马灯一般，前头跳过的绕回来再续到后面接着跳，直到有人跳"坏"了绊住绳子为止。

与跳大绳近似的游戏是跳皮筋，不过跳皮筋基本上是女孩子们的专利，女孩子们一边跳还一边念念有词，说的什么我不清楚。但那时孩子们口里流行过的一段顺口溜我记住了："跳皮筋、皮筋跳，傻了唱歌唱颠倒。又吹鼓、又打号，太阳西边出来了。东西道、南北走，路上碰见人咬狗。拿起狗来打砖头，又叫砖头咬了手。"

深受孩子们喜欢的群体游戏还有掷沙包。沙包是孩子们自己做的。找来几片碎布，捡一些碎石子或玉米粒，自己动手缝起来即可。游戏时，在空地的两端各画一条线，一端站一位小朋友，向中间的一群小朋友投掷沙包，被打中者就得下场与击中他的人换位，自己站到端线边向别人投掷，原来站在端线边的人则进入场内。如果哪位小朋友用手接住了沙包，就可以积一分，孩子们称之为"攒一命"，下次再被沙包打中时就可以不用下场。

拆除中的大院。孩子们所站地方即是我家原址

　　此外，还有"捉迷藏""过家家"等游戏。"捉迷藏"不用介绍人人皆知，而"过家家"这个现在已经近乎绝迹的游戏在过去却曾经是最普遍的。"过家家"，其实就是少年儿童对他们眼里看到的市井万象和家居生活中各种行为的稚嫩模仿，一般无非是模仿些买卖交换、打醋做饭类的小事情。但即便是这些小儿游戏，也离不开他们所处时代和社会环境的烙印。比如我们那一茬孩子们玩的"过家家"，就有批斗地主和地主婆一类的内容。那时，在街头表演"活报剧"的做法很时兴，这些"活报剧"中的人物和场景就成为孩子们模仿的样板，由此就出现了这样的现象：有一次大家玩"过家家"，各自给自己设定角色，有的同学说他是杜鲁门，有的同学说他是尼赫鲁，还有的同学说他是孙悟空或者二郎神，然后争执起来，他们几个谁能降伏住谁，其实大家并不知道杜鲁门和尼赫鲁是干什么的。

　　男孩子们玩"过家家"，玩得最多的是"开仗"。首先要把大家分为"好人"和"坏人"两拨，"好人"通常是解放军或"八路"，"坏人"就多了，有曹操、汉奸、日本鬼子、美国佬、蒋光头、地主洋老婆，等等，大家也分不出他们是哪朝哪代人，反正能玩就行。各自角色一定，大家就手执树条做刀枪或端着自制的水枪和射纸枪，相互对垒，甚至互扔石子作战。也曾有过某个小孩被打中后哭的时候，于是一场游戏就不欢而散。

第五类游戏是寓玩于劳、劳玩结合的。

那时的孩子们从小就都得参加一些家务劳动。参加劳动不是因为他们爱干活儿，而是不干不行，不得不做。由于那个时期整个国家经济水平比较低下，商品市场尚未发育起来，家家户户日子过得都比较拮据，许多生活所需物件都得靠自己动手。这样，孩子们的适当劳动，就成为各家各户家务劳动中少不了的一个部分。比如，烧火用的木柴树枝得靠孩子们外出去捡，做饭洗衣用水也要靠孩子们去抬，擦桌子扫地打煤糕更是家常便饭，此外哥哥姐姐还要捎带着照看弟弟妹妹。除了这些孩子们不情愿干但又不得不干的活儿外，还有一些并非家长要求的劳动，孩子们却能主动地、兴趣盎然地去干，并且慢慢地就形成了习惯。之所以如此，说到底是因为孩子们把劳动当成了游戏，可以借此扎堆到外面无拘无束地疯跑疯玩。这些劳动主要有：

割芦草。那个时期汽车很少，物资运输主要靠骡马大车。我们大院附近有个运输公司，每年都要定期为拉车的骡马收购草料。其中，每斤芦草的价格是1分5厘，后来涨到2分。只要收购芦草的告示一出，小朋友们就奔走相告。于是，大家就一起到废铁堆里找寻旧镰刀片，打磨好后装上木柄，然后再约好时间成群结伙、嘻嘻哈哈地去"玩活"。运城火车站"七股道"水塘北面有一大片荒草地，过去曾经是日本人占领时期的飞机场，还留有一些当年鬼子炮楼的遗迹，我们就常到那里去割芦草。我们边割边玩，有时还带上邻居家养的狗在那里追赶野兔子。玩够之后，把割来的芦草送到运输公司卖掉，还可以给自己挣得几角零花钱。类似的劳动还有到附近的农场去参加摘苹果、摘梨、摘桃、摘棉花，以及给农田锄草打药等。那时还没有不许使用少年儿童做工的法律，孩子们应季去参加一下劳动，玩了笑了，既不感觉累又能靠自己双手挣几个零花钱，心情自然是愉悦的。

另一种在孩子中蔚然成风的劳动是捡煤核。火车站每天都有大量的火车头要加煤上水卸炉渣，而捡拾炉渣中那些燃烧未尽的煤核，就成为我们大院孩子们的一种特色劳动。在大院里经常可以看到这样的景观：一是好几个孩子凑在一起，用粗铁丝敲敲打打制作搂耙；二是早早晚晚都有络绎不绝的孩子们挎着竹筐到火车站去捡煤核；三是家家户户门前都有一个砖垒的煤池，里面全是孩子们捡回来的煤核。孩子多一些的家庭，捡回的煤核基本上可以解决一家人全年的用煤。而孩子们捡煤核时间久了，也就积累了经验，即使早晚天色黑暗，闭着眼也能八九不离十地摸出哪些是煤核哪些是炉渣。

孩子们热心去干的活儿，还有到田野里去挖野菜、捋槐花、采榆钱、割苜蓿，拿回来后可以充实家庭饭桌；到郊外的农田中去捡拾农民收获之后地里残存的红薯、麦穗、玉米或棉花，拿回来对于自家生活也可小有补益；雨后天晴时还可到荒野草地里去捡拾地耳，运气好时在树林中还能采到蘑菇，等等。做完这些事，能够得到家长一句表扬，心情就像是自己对家里有了多大贡献一般愉快。

大院孩子们的游戏究竟有多少种，很难说得清楚，而且不同年龄段的孩子们游戏的层次和花样也不同。那时孩子们制作玩具的积极性很高，制作的花样也很多。比如，只要听说哪个地方打井，男孩子们就会相约一起前去取"胶泥"。"胶泥"是一种红褐色的黏土，深埋于地底，通常只有打深井时才能挖出来。孩子们用这些胶泥制作象棋子、玩具手枪、捏成泥人、动物以及其他各种造型，晾干以后坚硬无比。孩子们制作玩具的材料也很多，都是就地取材。比如，铁丝加猴皮筋可以制作成弹弓、射纸枪，竹片加线绳可以制作弓箭，竹筒可以制作水枪，木头可以制作木猴（陀螺）、木枪和木刀，竹篾、线绳加上纸可以扎成灯笼，还可以用纸折成小鸟和其他玩具，等等。

上面我说的这些游戏都是孩子们在家时玩的，不包括他们在学校中的活动。在学校里，孩子们所参加的大都是正规化的各种文体活动，从唱歌、猜谜语、做广播体操到适合小学生们玩的各种球类、田径类活动，就更是一应俱全了。

日月如梭，转瞬已是半个世纪过去了。我们少儿时代嬉笑玩闹的那个大院早已不复存在，它在完成自己使命之后被拆除了。代之而起的是一片高楼，继续衍生着另外一些新的故事。那个大院里的原居民，老的老了，走的走了，依然坚守住在原地楼群里的人已经寥寥无几。我离开那个大院时刚刚步入青年，如今已年逾花甲满头霜白。当我每次回到运城时，总会有些曾在大院中一同玩耍过、一起读过书的发小来看我，言谈之中，都对过去的那个大院、对我们少年时代的日子依依怀念。其实，我们那个大院，即使在运城也不过是小小的一个点，我对大院的这些回忆，更只是这个小点上短短的一段往事。但它是我对儿时亲历那个时代的一个管窥，而一个时代发生过的事是不应被历史遗忘的。故撰此文，以为纪念。

图书在版编目（CIP）数据

风景摇曳的旧日时光 / 刘未鸣，韩淑芳主编. —北
京：中国文史出版社，2019.7
　（纵横精华. 第三辑）
　ISBN 978 - 7 - 5205 - 1369 - 2

　Ⅰ．①风… Ⅱ．①刘… ②韩… Ⅲ．①中国历史—史
料—民国 Ⅳ．①K258.06

　中国版本图书馆 CIP 数据核字（2019）第 223686 号

责任编辑：金硕　李军政

出版发行：**中国文史出版社**

社　　址：北京市海淀区西八里庄 69 号院　　邮编：100142
电　　话：010 - 81136606　81136602　81136603　81136605（发行部）
传　　真：010 - 81136655
印　　装：北京新华印刷有限公司
经　　销：全国新华书店
开　　本：787×1092　1/16
印　　张：12.5
字　　数：154 千字
版　　次：2020 年 1 月北京第 1 版
印　　次：2020 年 1 月第 1 次印刷
定　　价：38.00 元